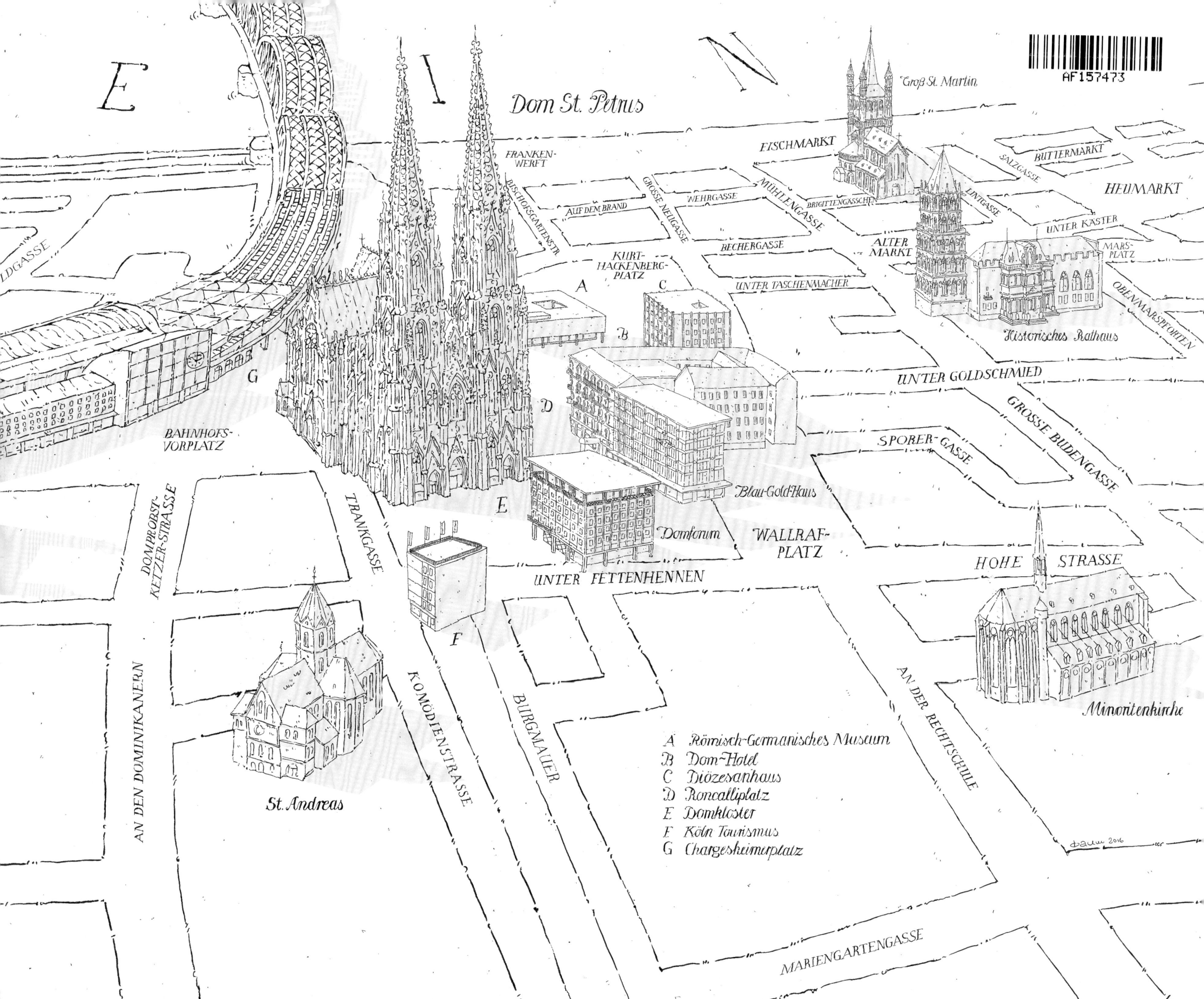

WIE DER DOM NACH KÖLN KAM

Christoph Baum
Konzept und Illustration

Barbara Schock-Werner und
Johannes Schröer
Text

GREVEN VERLAG KÖLN

90
Die Stadtmauer entsteht

1074
Die Flucht des Erzbischofs

um 1700
Die Baustelle ruht

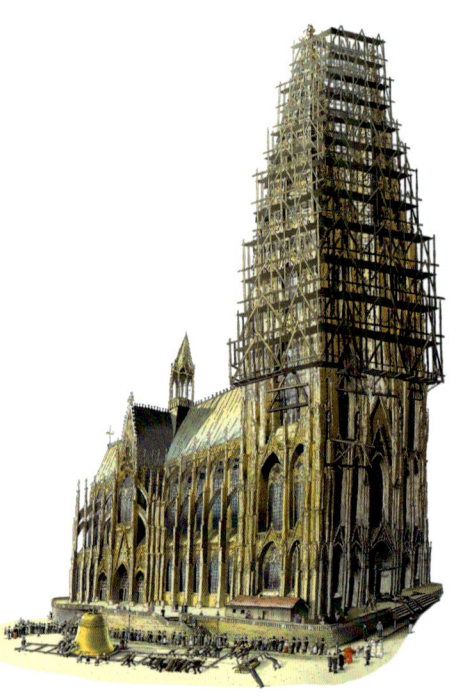

1875
Die Glocke ist da!

um 1300
Der Dom entsteht

um 300
Blütezeit im römischen Köln

1860
Was lange währt ...

1880
Das große Einweihungsfest

um 1930
Das hektische
Köln

1960
Der Karneval
kehrt zurück

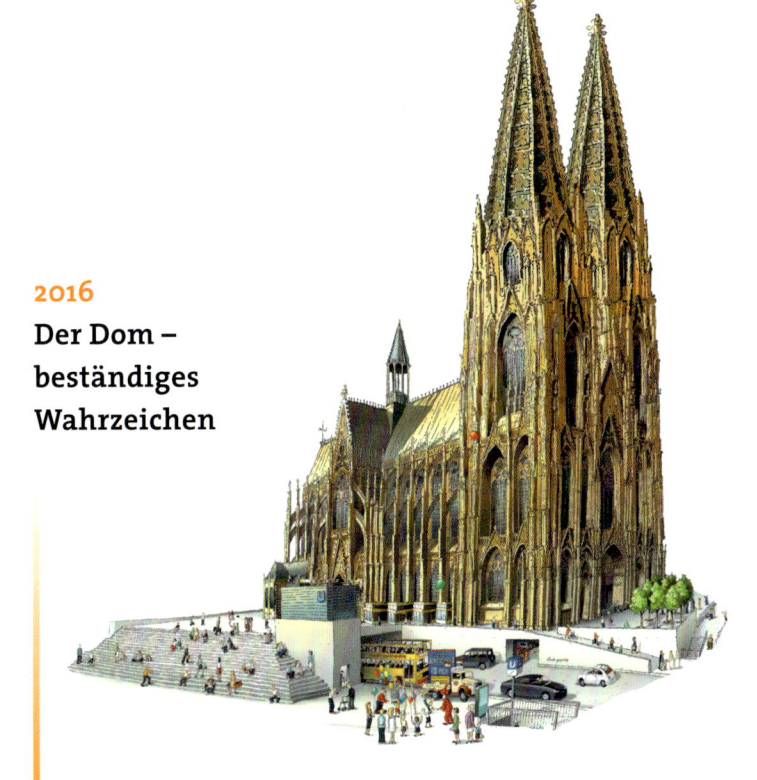

2016
Der Dom –
beständiges
Wahrzeichen

Glossar Nachwort

1945
Köln
in Trümmern

1980
Der Papst
besucht Köln

um 1900
Eine Stadt
im Wandel

Die Stadtmauer entsteht

Kaiser Domitian war ein begeisterter Baumeister. Er träumte davon, Köln mit einer gigantischen Festungsmauer besser zu schützen. Die Mauer mit ihren neun herrschaftlichen Stadttoren wurde das größte Bauprojekt der Stadt.

Der römische Kaiser Domitian war zufrieden, denn der Bau der neuen Stadtmauer ging zügig voran. Er war gekommen, um sich vom Statthalter die Arbeiten am Nordtor zeigen zu lassen. Gut gelaunt sah der Kaiser, wie Sklaven die schweren Kalksteinblöcke am Rhein aus den Lastkähnen entluden und zur Baustelle brachten. Die Steine kamen aus dem nahen Siebengebirge und aus der Eifel. Mit einem Lastenkran wurden sie auf den halb fertigen Turm gezogen, der ein Teil des Nordtors war – eines von neun Toren der Stadt. Auf der Baustelle herrschte reger Betrieb. Das laute Sägen und Klopfen der Zimmerleute und Steinmetze war überall zu hören. Für die Erneuerung der wichtigen römischen Fernstraße nach Norden schnitten Steinmetze Pflastersteine aus Basalt zurecht.

Köln war im Jahr 90 nach Christus eine der wichtigsten Städte im Römischen Reich und war von Kaiser Domitian zur Hauptstadt der Provinz Niedergermaniens ernannt worden. Damals hieß die Stadt »Colonia Claudia Ara Agrippinensium«. Kaiser Claudius, ein Vorgänger von Domitian, hatte die Stadt einige Jahre zuvor zu einer römischen Kolonie gemacht – mit Vorzugsrechten, die sonst nur Rom hatte. Seine Frau, die spätere Kaiserin Agrippina, hatte ihn dazu gedrängt. Sie war in Köln zur Welt gekommen und wollte unbedingt, dass ihre Geburtsstadt etwas ganz Besonderes im Römischen Reich ist. »Colonia« bedeutet, dass die Stadt eine offizielle römische Kolonie war, »Claudia« steht für Kaiser Claudius, »Ara« ist ein monumentaler Altar, der hier für den Kaiser gebaut wurde, und »Agrippinensium« verweist auf Agrippina, der die Stadt die besonderen Handels- und Steuerrechte verdankte.

Vorher hatte Köln den Namen »Oppidum Ubiorum«, Siedlung der Ubier. Die Ubier waren Germanen, die sich mit den Römern zusammengeschlossen hatten. Ihre Siedlung markierte die nördliche Grenze des Römischen Reichs: Kaiser Augustus war es schon im Jahr 15 vor Christus gelungen, die Herrschaft der Römer bis hierher auszudehnen. Die Siedlung der Ubier hatte er zum Sitz seines Heeres und der Kommandeure gemacht. Dieser Ort war klug gewählt. Er lag so weit über dem Rhein, dass er sicher vor Hochwasser war. Außerdem war der Hafen durch eine vorgelagerte Insel geschützt. Die Stadt wuchs schnell, weil über die ausgebauten Fern-

Der wichtigste Versammlungsplatz in Colonia war das Forum, ein Marktplatz, der größer war als zwei Fußballfelder. Am Forum standen Säulenhallen, in denen sich auch das Heiligtum der Stadt befand: der Altar, der dem Kaiser geweiht war.

Die römische Kaiserin Agrippina kam im Jahr 15 nach Christus in Köln zur Welt. Mit ihrem Einfluss in Rom sorgte sie dafür, dass ihr Geburtsort ihren Namen bekam und bevorzugte Stadtrechte erhielt.

Um die schweren Steine auf die hohe Stadtmauer und die Wachtürme zu heben, benutzten die Bauarbeiter große, hölzerne Radkräne. Mit ihrem Gewicht brachten die Männer das Rad in Schwung und zogen so die Steine nach oben.

straßen viele Zuwanderer kamen; am zentralen Sitz der kaiserlichen Heereskommandeure gab es gute Arbeits- und Verdienstmöglichkeiten.

90 nach Christus hatte Köln schon 20 000 Einwohner, und Kaiser Domitian beschloss, die Bürger der Stadt durch eine Stadtmauer besser zu schützen. Wenn Köln schon die gleichen Stadtrechte wie Rom hatte, dann sollte es auch ein Abbild der Hauptstadt werden – sozusagen ein Rom am Rhein. Das Straßennetz bot dafür beste Voraussetzungen, denn schon unter den Ubiern war es wie auf einem Schachbrett angelegt worden. Praktisch und vorbildlich, wie es die Römer liebten. Noch heute kann man dieses uralte Muster in Köln nachzeichnen – das Zentrum der Stadt, das Forum, befand sich da, wo heute Schildergasse und Hohe Straße aufeinandertreffen.

Kaiser Domitian ließ die Straßen ausbauen, und vor allem beschloss er, den alten Wall aus Holz und Erde, der um die Stadt lief, durch eine mächtige Stadtmauer zu ersetzen. Vier Kilometer sollte die Mauer lang werden und acht Meter hoch. Sie bestand aus römischem Beton, einer Mischung aus Sand, Kalk und Schutt. Diesen Betonkern umgab eine gemauerte Schale aus Steinen. Lange bevor ein Reisender Köln erreichte, sollte er die Wehrtürme und Torbogen sehen können.

Steine für den Bau der Stadtmauer kamen aus dem nahen Siebengebirge und der Eifel. In mühsamer Arbeit wurden sie herausgebrochen und dann mit Karren und Lastkähnen nach Köln transportiert.

Dass Kaiser Domitian die Baustelle besichtigen würde, war geheim gehalten worden. Nur der Statthalter und wenige Bauleiter wussten davon. Sie hatten sich ihre festlichste Toga übergeworfen und waren erleichtert, dass der Kaiser mit den Bauarbeiten so zufrieden war. Da würde es am Abend für alle Sklaven eine Extraportion Bohnenbrei mit Pökelfleisch und einen Becher Wein geben. Und die Kinder, die zum Ballspielen vor das Stadttor gekommen waren, hatten ihren Eltern viel zu erzählen. Sie schwärmten von der prächtigen Sänfte des Kaisers und von dem kleinen Hündchen, das in der Sänfte geblieben war, weil es den Trubel scheute.

Blütezeit im römischen Köln

Im Römischen Reich war Köln berühmt für seine Glaswerkstätten. Hier wurden reich verzierte Gläser und fantasievolle Parfümfläschchen hergestellt. Viele der kostbaren Gefäße fand man später in römischen Gräbern als Grabbeigaben.

Frühling vor dem nördlichen Stadttor. In Colonia, dem römischen Köln, spielen die Kinder am liebsten im Freien, denn in den meisten Wohnungen war es eng und eigene Kinderzimmer gab es nicht. So nahmen sie ihre Murmeln aus Marmor, Elfenbein und Glas und trafen sich etwa an der Fernstraße nach Novaesium, dem heutigen Neuss. Hier war viel los, Reisende zogen vorbei, Händler trieben Schafe, Hühner und Ziegen in die Stadt, und die Kinder konnten auf Bäume klettern oder dem Schäfer helfen, seine Herde beisammenzuhalten. Aber nicht alle Kinder lebten im Römischen Reich so frei. In den ärmeren Familien mussten die Kinder hart arbeiten, und wenn es gar nicht anders ging, konnte ein Vater seine Kinder als Sklaven verkaufen.

Colonia gehörte um das Jahr 300 zu den größten Städten in Germanien und war ein bedeutender Militärstützpunkt und ein wichtiges Handelszentrum im Römischen Reich. In den Straßen hörte man die verschiedensten Sprachen: das Latein der römischen Soldaten, aber auch germanische Sprachen wie Ubisch und Keltisch oder Griechisch und sogar Aramäisch, die Sprache von Jesus Christus. Menschen aus allen Teilen des Römischen Reichs lebten hier, aus dem heutigen Italien, Spanien, Frankreich, England oder Tunesien und der Türkei. Das römische Köln stand in seiner goldenen Blüte. Nach vielen Kriegen mit rebellischen römischen Soldaten, die sich in Köln sogar zu Gegenkaisern ausrufen ließen und ein gallisches Sonderreich gegründet hatten, war der Norden, der sich von Rom losgesagt hatte, wieder an das Gesamtreich angegliedert worden.

Der römische Bürger trug eine Toga, die ohne Gürtel oder Knöpfe kunstvoll über die weiße Tunika geschwungen wurde. Frauen gingen oft in einem langen Manteltuch aus dem Haus, das Palla hieß.

Der Haupttempel in Colonia war der Kapitol-Tempel. Hier wurden Jupiter, Juno und Minerva verehrt – die drei wichtigsten römischen Götter. Heute steht auf den Überresten des römischen Tempels die Kirche Sankt Maria im Kapitol.

Es gab damals viele wohlhabende Familien in der Stadt. Sie zeigten ihren Reichtum, trugen kostbare Gewänder und tranken Wein aus smaragdfarbenen Bechern, die mit Gold und Edelsteinen verziert waren. In den Kölner Glashütten wurden fantasievolle Kelche, Parfümfläschchen und Trinkhörner hergestellt. Viele dieser kostbaren Gefäße fand man später in römischen Gräbern. Den Toten sollte das Dasein im Jenseits durch solche Grabbeigaben erleichtert werden.

In Köln wurden damals viele Götter verehrt. Jeder durfte glauben, woran er wollte – an die zahlreichen römischen Götter oder an andere Götter. Die Römer fühlten sich von den fremden

Göttern nicht bedroht, sie waren vielmehr der Meinung, dass es nicht schaden könne, sie als zusätzliche Schutzpatrone in der Stadt zu haben. Es gab prächtige Tempel für die vielen Götter. Kirchen gab es hingegen nicht, denn das Christentum war als einzige Religionsgemeinschaft verboten. Der Kaiser hatte das so bestimmt, weil die Christen sich weigerten, neben ihrem eigenen Gott auch ihn selbst als römischen Staatsgott zu verehren. Das war damals üblich, weil der Kaiser gemäß römischem Glauben nach seinem Tod zu einem Gott wurde und dafür sorgte, dass Frieden zwischen Göttern und Menschen herrschte. Die Christen beteten aber nur ihren eigenen Gott an. Dazu verehrten sie Jesus als Erlöser – einen Juden, der von römischen Soldaten als Rebell hingerichtet worden war.

Im Römischen Reich war es nicht erlaubt, die Toten innerhalb der Stadtmauern zu beerdigen. Also legte man den Friedhof außerhalb der Mauern entlang der Fernstraße an. Die Reisenden sollten an den prächtigen Gräbern sehen, welche Erfolge und Leistungen die Verstorbenen vollbracht hatten. Auf den prunkvollen Grabsteinen zeigten Bilder die Herkunft, die Verdienste und auch die Wünsche der hier beerdigten Menschen. Kostbare Figuren, Löwen und geflügelte Drachen verzierten die Dächer der steinernen, manchmal zehn Meter hohen Bauten. Besonders wohlhabende Familien leisteten sich ein mehrstöckiges Grab. Kleine Gärten wurden um diese Grabbauten angelegt. Hier traf sich die Familie, um gemeinsam zu essen, dabei an die toten Angehörigen zu denken und Weihrauch in wertvollen Räucherkelchen zu verbrennen.

Im Römischen Reich wurde der Leichnam eines Verstorbenen verbrannt und die Asche in einer Urne beigesetzt. Nach der Bestattung gab es ein Totenmahl. Um die guten Geister zu beschwören, wurde Weihrauch angezündet und gebetet.

Obwohl es eigentlich verboten war, spielten die Kinder auch in den kleinen Gärten der Grabanlagen. Hier konnte man gute Verstecke finden oder auf den kleinen Mauern um die Gräber balancieren. Jungen und Mädchen stellten Szenen aus Gladiatorenkämpfen nach oder zogen Tonfiguren, Reiter auf Pferden, hinter sich her. Wenn die Eltern ihnen einige Sesterzen mitgegeben hatten, konnten sie beim Händler vor dem Nordtor Honigbonbons oder Datteln kaufen.

Das Leben in Colonia fand auf der Straße statt. Auf dem Markt standen Brot- und Pastetenbäcker neben Gemüse-, Obst- und Honighändlern. Um die Preise wurde viel gefeilscht, bevor Denare und Sesterze den Besitzer wechselten.

Die Flucht des Erzbischofs

Wütende Bürger zogen zum karolingischen Dom, wo sich Erzbischof Anno verschanzt hatte. Sie forderten, dass er herauskommen solle, und wollten das Tor aufbrechen. Als es sich schließlich öffnete, war Anno schon verschwunden.

Wie war das möglich? Wie hatte der Erzbischof aus Köln mitten in der Nacht entkommen können? Das Erstaunen unter den Bürgern der Stadt war groß, als sie erfuhren, dass Erzbischof Anno schon vor den Stadtmauern auf der Flucht sei und sie ihn nicht mehr einholen konnten. Kölner Kaufleute hatten ihn verhaften wollen, weil ihnen seine Herrschaft unerträglich schien. Denn Anno, der Sohn eines schwäbischen Ritters, war nicht nur wegen seiner Frömmigkeit bekannt. Er war ein politisch gewiefter Kirchenfürst, der Macht ausüben wollte – und in seinen Machtspielen war er den Kölner Bürgern zu weit gegangen.

Als Erzbischof hatte Anno wie schon die Erzbischöfe vor ihm eine sehr wichtige Position: Er durfte als einer von sieben Kurfürsten den Kaiser wählen und ihm auch die Krone aufsetzen. Außerdem herrschte er über das Erzstift Köln. Anno nutzte seine Macht schamlos aus und setzte Vettern und andere Verwandte auf wichtige Posten. Er gründete fünf Klöster, baute bedeutende Kirchen und versorgte sie mit Reliquien. Das brachte ihm viel Ansehen. Sein rücksichtsloses Machtstreben machte ihn aber auch sehr unbeliebt.

Nach dem Zusammenbruch des Römischen Reichs wurde Köln auch wegen der neuen politischen Bedeutung seiner Kirchenfürsten zu einer der wichtigsten Städte in der damaligen Welt – zum »heiligen Köln«. Für die Kölner Bürger war es sehr nützlich, dass ihre Erzbischöfe so großen Einfluss hatten. Durch die neue katholische Ordnung mit Köln als Zentrum konnten sie ihre Handelsbeziehungen stark ausbauen. So wurde die Stadt immer bedeutender und reicher. Das machte besonders die Kaufleute selbstbewusst, die sich nun von einem Erzbischof wie Anno nicht mehr alles gefallen lassen wollten und mehr Mitspracherechte forderten.

Kurz vor Ostern 1074 wagten sie einen ersten Aufstand. Der Grund: Anno wollte einem Kaufmann das Schiff wegnehmen, damit sein Gast, der Bischof von Münster, damit nach Hause fahren konnte. Als die Männer des Erzbischofs anrückten, um das Schiff zu besetzen, trat ihnen der Sohn des Kaufmanns entgegen – rasch hatte der mutige junge Rebell mit seinen Freunden die Leute von Anno verjagt und zog mit einer wütenden Menge zum bischöflichen Palast, den sie mit Steinen bewarfen. Anno erkannte die Gefahr und floh in den alten, karolingischen Dom, wo er sich verschanzte.

Erzbischof Anno floh mit seinem Gefolge durch einen Geheimgang, der direkt zur alten römischen Stadtmauer führte. Hier hatte er ein Schlupfloch als Fluchtweg in die meterdicke uralte Mauer schlagen lassen.

Der alte Dom sollte abgebaut werden, um Platz für die neue Kathedrale zu machen. Dazu wollte man die Holzbalken kontrolliert abbrennen. Aber ein heftiger Wind brachte das Feuer außer Kontrolle und die alte Kathedrale brannte 1248 fast vollständig nieder.

Mit einem schweren Rammbock donnerten die Bürger gegen das Tor der Kirche – das sich auf einmal öffnete. Sie stürmten hinein, doch Anno war nicht mehr dort. Sie suchten die Stadt nach ihm ab, fanden aber keine Spur. Bis ein Späher vor den Stadttoren rief, der Erzbischof sei fort und schon weit draußen vor der Stadt. Durch einen geheimen Stollen und ein Loch in der Stadtmauer war Anno entkommen. Der Erzbischof hatte geahnt, dass es ihm einmal nützlich sein könnte, deshalb hatte er dieses Loch in den Schutzwall schlagen lassen. Das war nicht einfach, denn die von den Römern erbaute Mauer war meterdick und hatte all die Jahrhunderte gut überstanden. Noch heute kann man einen Teil der römischen Festungsmauer im Parkhaus unter dem Dom sehen, und zwar genau den Teil, in dem sich das sogenannte »Annoloch« befindet, durch das der Erzbischof damals entwischte.

Nach drei Tagen kam Anno dann zurück – mit einer großen Zahl von verbündeten Rittern. Schnell eroberten sie die Stadt gegen die schlecht bewaffneten Bürger Kölns und bestraften die Aufständischen mit brutaler Härte. Aber der Aufstand gegen Erzbischof Anno blieb ein wichtiges Ereignis in der Geschichte von Köln, denn zum ersten Mal hatten Bürger es gewagt, gegen die Macht eines Kirchenfürsten zu rebellieren.

Einen Teil der römischen Festungsmauer kann man heute noch in der Tiefgarage unter dem Domvorplatz sehen. Hier ist auch noch der Stollen zu erkennen, durch den Erzbischof Anno vor den Kölner Bürgern geflohen ist.

Für Köln blieben die katholischen Kirchenfürsten auch in der folgenden Zeit von großer Bedeutung. Ein Nachfolger Annos, Rainald von Dassel, brachte im Jahr 1164 die Reliquien der Heiligen Drei Könige in die Stadt. Er war als mächtiger Mann der Kirche ebenso umstritten wie Anno und in zahlreiche Kriege verstrickt. Die Reliquien bekam er von Kaiser Friedrich Barbarossa geschenkt, weil Rainald ihm geholfen hatte, Mailand zu erobern, wo die Heiligen Drei Könige bis dahin beerdigt waren. In Köln legte man die Reliquien in einen goldenen Sarg und beschloss, ihnen zu Ehren eine prächtige Kathedrale zu bauen: den Kölner Dom.

Der Schrein der Heiligen Drei Könige sieht wie eine kleine Kirche aus. Er ist eines der wertvollsten Goldkunstwerke des Mittelalters und enthält die Gebeine von Caspar, Melchior und Balthasar.

Der Dom entsteht

Das Dach der gotischen Kathedrale ruht auf vielen schlanken Stützpfeilern, die das Gewicht nach außen verlagern. So wurden dicke Mauern überflüssig, und es gab Platz, um große Fenster einzubauen.

Die Steine zum Bau der Kathedrale wurden schon in den Steinbrüchen von erfahrenen Steinmetzen gekennzeichnet. Anhand dieser Markierungen wusste man genau, wo sie nachher verbaut werden sollten.

Ochsenkarren brachten tonnenschwere Steinblöcke vom Rhein die Trankgasse hoch bis zur Dombaustelle. Die hellgrauen Vulkansteine kamen aus dem Siebengebirge. Man benötigte eine Unmenge an Steinen, denn der Neubau der Kathedrale stellte damals alles in den Schatten, was es an großen Gebäuden gab: 20 000 Menschen sollten hier Platz finden. Das war zum Zeitpunkt des Baubeginns mehr als die Hälfte aller Kölner Einwohner.

Erzbischof Konrad von Hochstaden, der 1248 den Grundstein für den Bau legte, wusste, dass er – ebenso wie all die anderen, die damals dabei waren – die Fertigstellung nicht mehr erleben würde. Die Baustelle war ein Jahrhundertprojekt. Zahllose Handwerker aus allen Zünften kamen in die Stadt. Steinmetze waren besonders gefragt, denn auf die schlanken Pfeiler und mächtigen Stützen, die von ihnen gefertigt wurden, kam es besonders an. Viel natürliches Licht sollte in den Dom gelangen, doch wo große Fenster geplant waren, konnten keine geschlossenen, tragenden Mauern stehen. Also entwarf der erste Dombaumeister Gerhard von Rile ein raffiniertes System, das er sich bei den neuen Kathedralen in Frankreich abgeschaut hatte: Das Gewicht des Dachs verlagerte er von den Wänden nach außen auf Stützpfeiler.

Über siebzig Jahre dauerte es, bis der erste Teil des Neubaus, der Chorraum um den Altar und den goldenen Sarg der Heiligen Drei Könige, fertig war. Einen großen Teil des alten, karolingischen Doms, an dessen Stelle die neue Kathedrale entstand, hatte man nach dem Brand 1248 provisorisch wieder aufgebaut, um dort während der Bauarbeiten die Messe feiern zu können. **1322 wurde der Chorraum der neuen Kathedrale eingeweiht.** Das goldene erste Kreuz steht noch heute auf dem Dach des Doms und begrüßt die Besucher von der Rheinseite.

Dann machten sich die Arbeiter daran, den Südturm zu bauen. Zimmerleute ließen ein hölzernes Gerüst in die Höhe wachsen. Der Schmiedeofen brannte Tag und Nacht, denn man benötigte eine Menge Eisenanker und Windeisen für die Fenster. Jede Handwerkszunft hatte ihre eigene kleine Bauhütte. Unterstützt wurden die Steinmetze, Maurer, Zimmerleute, Glasbläser und Schmiede von ungezählten Hilfsarbeitern.

Die Großbaustelle Kölner Dom brachte damals vielen Menschen Arbeit und Einkommen. Bezahlt wurde der Neubau der Kathedrale mit Spenden aus allen Schichten der Bevölkerung: vom Handwerker bis zum König von England. Das meiste Geld floss direkt an die Bevölkerung zurück, an die vielen Bauarbeiter und an die Schneider, Bäcker und Herbergsbesitzer, die die gewaltige Schar Handwerker und Hilfsarbeiter mit Kleidern, Essen und Unterkünften versorgten. Für so manchen Bauernsohn bot

Viele Kölner wollten 1322 dabei sein, als der Chorraum feierlich eingeweiht wurde. Im Westen war der prächtige Neubau mit einer Zwischenwand behelfsmäßig verschlossen. Die Gottesdienste für das Volk fanden weiterhin im angrenzenden alten Dom statt.

Die Wasserspeier auf dem Dach wurden von geschickten Steinmetzen oft als Ungeheuer gestaltet. Ihr furchterregendes Aussehen sollte böse Geister abwehren – und so den Dom beschützen.

die Baustelle sogar Aufstiegsmöglichkeiten. Er konnte Facharbeiter werden und zum Beispiel zum Steinmetz aufsteigen. Dann konnte er vielleicht einen der kunstvollen Wasserspeier mit einem Monster- oder Dämonenmaul gestalten. Diese Ungeheuer waren nicht nur dazu da, um am Ende der Regenrinnen das Wasser vom Dom abzuleiten; sie sollten die Kathedrale auch beschützen, also mit ihrem furchterregenden Aussehen böse Geister erschrecken und in die Flucht schlagen. Im späten Mittelalter waren Legenden um Monster und Teufelsgestalten sehr verbreitet. Über den ersten Dombaumeister Gerhard erzählte man sich sogar, er habe eine Wette mit dem Teufel verloren und sei deswegen vom Baugerüst gestürzt und gestorben. Eine Legende, die sich dadurch erklären lässt, dass der erste Dombaumeister ein überaus begabter Steinmetz und Baumeister war – so begabt, dass viele meinten, er müsse mit dem Teufel im Bund stehen. Vielleicht waren diese wilden Geschichten auch deshalb so beliebt, weil nach

der Arbeit auf der Dombaustelle ordentlich gebechert wurde. Kaffee oder Tee gab es damals noch nicht, also trank man bei der staubigen und schweißtreibenden Arbeit reichlich Met, ein Getränk ähnlich wie Bier. Bei Ausgrabungen fand man zahlreiche Trinkgefäße aus Keramik unter dem Dom. Die Trankgasse längs der Nordseite der Kathedrale hat ihren Namen aber nicht wegen der durstigen Bauarbeiter, die hier vor 700 Jahren einkehrten. Schon viel früher war die Gasse der Weg der Treidelpferde zur Tränke, deshalb heißt sie heute noch Trankgasse.

An starken Seilen aus Hanf zogen Treidelpferde die schwer beladenen Kähne von den Steinbrüchen flussaufwärts nach Köln. Für die Pferde wurden extra Wege am Rheinufer angelegt, die man Leinpfade nannte.

Die Baustelle ruht

Der sonnige, blaue Himmel dieses Tages um das Jahr 1700 lockte die Menschen auf die Trankgasse am Dom. Noch in der Nacht zuvor hatte es so heftig gestürmt, dass sich der mächtige Holzkran auf dem halb fertigen Südturm der Kölner Kathedrale hin und her gedreht hatte. Die Kölner hatten den Kran gehört, denn er knarzte laut, wenn er sich im Wind bewegte. Schon seit 170 Jahren war er nicht mehr in Betrieb – seit die Baustelle ruhte.

1530 hatte man den Dombau eingestellt. Es fehlte an Geld und an Interesse, das Großprojekt fortzusetzen. Zu lang schon war am Dom gearbeitet worden, über 250 Jahre, das hatte die Bauherren müde gemacht. Außerdem hatte sich die Welt verändert. Die Reformation hatte die Christen in Deutschland in zwei Lager geteilt. Die katholische Kirche verlor an Macht und Geldeinkünften. Das alles führte damals zum Baustopp. Doch keiner dachte daran, den halb fertigen Dom wieder abzureißen. Die Kölner hatten ihn zu sehr ins Herz geschlossen. Außerdem gab es immer die Hoffnung, eines Tages könne die Kathedrale doch noch fertig werden. Der knarzende Holzkran mahnte die Kölner daran, den möglichen Weiterbau nicht zu vergessen.

Die hohen Domherren schienen sich damit abgefunden zu haben. Schließlich war der Chorraum um den Altar und den goldenen Sarg der Heiligen Drei Könige fertig und nach Westen mit einer von prächtigen Fenstern unterbrochenen Wand geschlossen. Im Chorraum feierten sie und andere Priester ganz allein ihre Messen, denn der Altarraum war damals für die geweihten Geistlichen reserviert. Die Volksgottesdienste fanden im weiten Kirchenschiff davor statt, dem Langhaus, über dessen Mauern man in 13 Metern Höhe Notdächer gezogen hatte. In der Volkskanzel, die damals im halb fertigen Langhaus aufgestellt wurde und die es heute noch gibt, betete und sang das Volk und lauschte dem Prediger.

Nach dem Gottesdienst ging es hinaus auf die Straße. Besonders die arme Bevölkerung freute sich, wenn die Sonne schien und man nicht mehr in den oft armseligen, strohgedeckten

Da der neue gotische Chorraum den Bischöfen und Priestern vorbehalten war, feierte das Volk im Kirchenschiff der alten Kathedrale die Messe.

Seit 1674 gab es eine Fähre von Deutz über den Rhein, die sogenannte »fliegende Brücke«. So gelangten die Bauern, Händler oder Dombesucher von der östlichen Rheinseite noch schneller zum Markt am Dom.

Köln war im späten Mittelalter für seinen Rheinwein bekannt, der in ganz Nordeuropa gefragt war. Auch innerhalb der Stadtmauern wurden auf großen Flächen Weinreben angebaut. Wein war damals das Alltagsgetränk für die gesamte Bevölkerung.

Auch als die Baustelle ruhte, gab es eine Dombauhütte. Steinmetze waren andauernd damit beschäftigt, Steine auszubessern und den Bau einigermaßen in Stand zu halten – schließlich wollte keiner von herabfallenden Steinen erschlagen werden.

Hütten sitzen musste. Die wohlhabenden Kaufleute wohnten in den luxuriösen Häusern rund um den Dom. Köln hatte damals etliche vermögende Bürger, denn bis 1831 galt das sogenannte Stapelrecht für die Stadt. Es schrieb vor, dass jeder Händler, der durch Köln kam, seine Waren drei Tage lang in Köln zum Verkauf anbieten musste. Die Kölner durften dann zuerst kaufen und verdienten beim Wiederverkauf viel Geld. Außerdem war Köln 1475 vom Kaiser zur freien Reichsstadt erklärt worden, das heißt, die Stadt war nicht mehr der Macht des Erzbischofs unterworfen, sondern unabhängig. So wurde Köln zu einer der wichtigsten Handelsstädte im Land und schloss sich dem Hansebund an, dem andere bedeutende Städte wie Hamburg und Bremen angehörten. Rot und Weiß waren die Farben des Hansebundes. Diese Farben sind bis heute die Farben der Stadt Köln.

Bekannt war Köln vor allem wegen seines hervorragenden Rheinweines und seiner Goldschmiedekunst. Ging es den Kaufleuten gut, so fiel auch für die kleinen, umherziehenden Händler und Tagelöhner einiges ab. Ob arm, ob reich – alle genossen es, wenn die Sonne schien und das Leben auf der Straße stattfand. Nicht nur, weil es an der frischen Luft besser roch als in den stickigen Häusern. Auf der Straße konnte man besser Handel treiben, das Vieh begutachten, den Gauklern sowie den Schwert- und Feuerschluckern zusehen oder den Bänkelsängern zuhören.

Am Abend eines sommerlichen Markttages stank es oft fürchterlich in den Straßen der Stadt. Fischreste lagen herum, Schweine und Pferde hatten überall ihren Dreck hinterlassen. Dazu kam, dass es damals keine Toiletten gab. Die Nachttöpfe wurden einfach aus dem Fenster auf die Straße gekippt. Da war man froh, wenn nach einem sonnigen Tag ein Regenguss den Dreck wegspülte – Regen, der häufig durch starke Windböen angekündigt wurde. Dann

hörten die Bürger von Köln wieder das Knarzen des hölzernen Drehkrans. Sie dachten an ihren halb fertigen Dom, der neben der Kirche Groß Sankt Martin und dem Rathaus das wichtigste Gebäude der Stadt war. Und sie hofften, dass der Kran eines Tages wieder in Betrieb genommen werden könnte – um Steine in die Höhe zu hieven, 60 Meter hoch und noch höher, bis Turm und Kathedrale endlich fertig sein würden.

Über die Trankgasse führte der Weg vom Domvorplatz direkt zum Rheinufer. Hier legte die Fähre an und die Schiffe wurden entladen. Über diesen Weg wurden auch die Tiere zum Trinken an den Rhein geführt, daher der Name Trankgasse.

Was lange währt …

Der Kölner Kunstsammler Sulpiz Boisserée fand 1816 in Paris einen Teil des alten Bauplans der Kathedrale. Schon lange träumte er davon, den Kölner Dom fertig zu bauen. Dazu gründete er mit anderen Kölner Bürgern 1842 den Zentral-Dombau-Verein.

Es geht voran – mit Pauken und Trompeten. In Köln tut sich etwas. **1860 wird der erste Zoo eingeweiht**, exotische Tiere aus aller Welt kommen in die Stadt und: Der Dombau macht große Fortschritte. Seit zwanzig Jahren wird wieder gebaut – nach 300 Jahren Stillstand.

Als zwischenzeitlich Napoleon in Köln regiert hatte, war die halb fertige Kathedrale von den Franzosen sogar als Vorratslager und Gefängnis für Kriegsgefangene genutzt worden. Danach, ab 1815, gehörte Köln zum Königreich Preußen. Dem berühmten Kunstsammler Sulpiz Boisserée ist es zu verdanken, dass wieder vom Weiterbau der Kathedrale die Rede ist. Und mit König Friedrich Wilhelm IV. finden die Kölner in Berlin einen mächtigen Helfer für ihr Dombauprojekt, denn auch er unterstützt den Weiterbau. Aber der wird teuer: Man rechnet mit über sechs Millionen Talern Baukosten, das sind heute etwa 920 Millionen Euro. Der König verspricht, die Hälfte der Summe zu zahlen, die andere Hälfte müssen die Kölner selbst auftreiben – und sie lassen sich etwas Besonderes einfallen:

Als 1842 der Grundstein für den Weiterbau gelegt wird, gründen Kölner Bürger den »Zentral-Dombau-Verein«. So können sich alle an dem einen großen Ziel, an der Fertigstellung des Kölner Doms, beteiligen. Die Idee kommt gut an. Der neue Verein hat wenig später schon über 5000 Mitglieder, die Geld sammeln und spenden.

Beim Weiterbau gab es aber auch Streit unter den Bauherren. Der Dombaumeister wollte, dass der Dachstuhl nicht – wie im Mittelalter geplant – aus Holz, sondern mit Eisenträgern gebaut wird. Er setzte sich durch, und so bekam der Dom ein Dach, das eine der ersten großen Eisenkonstruktionen auf der Welt war. Viel später, im Zweiten Weltkrieg, wurde der Dom von etlichen Bomben getroffen. Experten sagen, dass die Kathedrale auch deswegen nicht vollständig niedergebrannt ist, weil sie Dachträger aus Eisen hat.

1865 kam der erste Elefant in den Kölner Zoo. Für die grauen Riesen wurde das Giraffen- und Antilopenhaus ausgebaut und hieß dann Elefantenhaus. Von der Bauform war es einem Gebäude aus dem Orient oder aus Indien ähnlich.

Die eisernen Dachträger der Kathedrale wurden in einer neuen Walztechnik hergestellt. Die Konstruktion in Köln war hochmodern und so vorbildhaft, dass 30 Jahre später dieselbe Technik auch für den Pariser Eiffelturm angewandt wurde.

1863 erleben die Dombesucher eine Premiere. Zum ersten Mal können sie den Innenraum in seiner vollen Größe sehen. Bisher war der Chorraum um den Altar vom noch unfertigen Rohbau, dem großen Kirchenschiff der Kathedrale, abgetrennt. Nach 560 Jahren kann nun die Trennwand entfernt werden. Der Innenraum des Kölner Doms ist fertig und man beginnt mit dem Nordturm. Dafür errichten die Handwerker ein gigantisches Holzgerüst, damals das höchste der Welt. Sogar aus Chicago, wo die ersten Hochhäuser gebaut wurden, kamen Ingenieure nach Köln, um den Gerüstbau zu studieren.

Nicht nur wegen der Arbeiten am Kölner Dom herrschte in der Stadt eine Aufbruchstimmung. Auch eine neue Brücke über den Rhein wurde gebaut – eine zweigleisige Eisenbahnbrücke mit einer Piste für Kutschen, Reiter und Fußgänger, die hier über eine Auffahrrampe den Fluss überqueren konnten. Die neue Brücke führte geradewegs auf die Kathedrale zu. Fast sah es so aus, als ob die dampfenden Lokomotiven direkt in den Dom fuhren – erst kurz vor der Kathedrale macht das Gleis noch heute eine Kurve und biegt in den damals ebenfalls neu gebauten Bahnhof ein. Die Kölner nannten die Dombrücke »Muusfall« (Mausefalle), weil es so aussah, als ob die Züge über dem Rhein in einer Art Käfig verschwinden würden.

Neben der Dombrücke und dem Bahnhof gibt es 1860 noch einen Neubau, der in Köln für große Freude sorgt: Der erste Zoo der Stadt wird eröffnet – mit einem reich verzierten afrikanischen Giraffen- und Antilopenhaus, das kurze Zeit später umgebaut und zur neuen Heimat für die ersten Elefanten in Köln wird.

Am Dom wird fieberhaft gearbeitet. 1880 soll die Kathedrale fertig sein – mit den damals höchsten Türmen der Welt. Vorher kommt es aber beinahe zu einer Katastrophe. Der Schrecken

Die Einfahrt zur neuen Dombrücke ähnelte mit ihren Türmen und Zinnen einer kleinen Burg. In einem der Türme wohnte der Brückenwärter.

Die Steinmetze arbeiteten zum Teil in schwindelerregender Höhe. Die hölzernen Baugerüste wurden dafür nicht vom Boden aus hochgebaut, sondern direkt am Domturm befestigt.

in der Stadt ist groß, als sich am 12. März 1876 ein heftiger Orkan zusammenbraut. Der Sturm erreicht am Nachmittag Köln. Bäume knicken wie Streichhölzer um, Hausdächer und Kamine fliegen umher. Ängstlich schauen die Kölner hoch zu den Domtürmen. Doch das größte Holzgerüst der Welt gerät nicht ins Wanken. Der Kölner Dom wird wie geplant fertig.

Die Glocke ist da!

Ungezählte Kölner Bürger sind auf den Beinen, als am 8. Mai 1875 die tonnenschwere Glocke am fast fertigen Dom ankommt. Sie war über den Rhein nach Köln gebracht worden. Etliche Tage hat es dann noch gedauert, den schweren Koloss vom Flussufer über die steile Gasse bis vor das Westportal der Kathedrale zu schieben. Viel Muskelkraft war nötig, auch Seilwinden und Schienen kamen zum Einsatz. Aber wie wird sie klingen, die Kaiserglocke? So wurde sie genannt, weil der preußische Kaiser Wilhelm I. das Material für die Glocke gestiftet hatte. Wird ihr Klang zum Spiel der drei kleineren Glocken im Südturm der Kathedrale passen?

Das war die große Frage, denn der berühmte Glockengießermeister Andreas Hamm aus dem pfälzischen Frankenthal hatte drei Versuche benötigt, um die Glocke zu gießen – und selbst nach dem dritten Guss brachte ein Probeläuten nicht den gewünschten Ton. Denn als »Gloriosa«, als Festtagsglocke, sollte sie feierlich klingen und nur an hohen Feiertagen den drei kleineren Glocken durch ihre tiefe Stimme, durch das tiefe C, eine würdevolle Schwere geben.

Alle hofften nun: Wenn die neue Glocke oben im Turm hängt, dann wird sie anders und besser klingen als beim Glockengießer auf dem Werkstatthof. Das Experiment musste einfach gelingen, schließlich wollten die Kölner auch den preußischen Kaiser nicht enttäuschen, den Stifter der Glocke. Der Zentral-Dombau-Verein hatte seiner Majestät einen Brief geschrieben, in dem es hieß, dass für die höchste Kirche der Welt eine größere, wenn nicht sogar die größte Glocke überhaupt gerade recht sei. Daraufhin hatte der Kaiser 22 Kanonen geschickt, die Preußen kurz zuvor im Krieg gegen Frankreich erbeutet hatte. Im August 1873 wurden sie eingeschmolzen und aus 25 Tonnen Bronze die größte frei schwingende Kirchenglocke der Welt gegossen.

Weil die neue Kaiserglocke so viel wiegt wie heute zwei LKW, müssen aus einer Regimentskaserne in Köln-Deutz 28 kräftige Reitersoldaten

Die Kaiserglocke wurde vom Glockengießer Andreas Hamm im pfälzischen Frankenthal über den Rhein nach Köln gebracht. Der Flussweg führte sie an der Burg Pfalzgrafenstein vorbei.

22 erbeutete französische Kanonen wurden am 11. Mai 1872 vor dem Kölner Dom aufgestellt und dann von einem Glockengießer eingeschmolzen. Der Kaiser von Preußen hatte die Bronzekanonen für die Glocke gestiftet, deswegen wurde sie auch Kaiserglocke genannt.

Der Kölner Erzbischof Paulus Melchers wurde 1874 von der preußischen Polizei verhaftet und ins Gefängnis »Klingelpütz« gesperrt. Er hatte sich geweigert, die neuen preußischen Gesetze anzuerkennen, die der Kirche viele Rechte nahmen.

geholt werden, die das bronzene Prunkstück hoch oben im Turm zum Schwingen bringen sollen. Die Kürassiere legen sich ordentlich ins Zeug, hängen sich an die Seile und werfen die Glocke hin und her. Und dann die Enttäuschung: Die Glocke trifft den Ton wieder nicht, sie klingt viel zu hoch – kein tiefes C.

Den Verantwortlichen in der Dombauverwaltung bleibt nichts anderes übrig, als sich mit dem zu hohen Glockenton abzufinden. Am 30. Juni 1887, einen Tag nach Peter und Paul, wird die Kaiserglocke auf den Namen »Petersglocke« getauft. So richtig Freude macht sie den Kölnern im Lauf der folgenden Jahre nicht. Das Glockengeläut kostet eine Menge Geld: Die 28 Reitersoldaten, die sich bei jedem Geläut an die Seile hängen, müssen jedes Mal neu bezahlt werden. Nur sehr selten erklingt die große Glocke. Von den Kölnern wird sie deswegen »die Schweigerin« oder »die Stumme von Köln« genannt. Und dann bricht 1908 auch noch der Klöppel heraus. Eine Stahlkugel ersetzt ihn fortan.

Viele Kölner sagen, dass über dieser Glocke kein guter Segen hing, denn der preußische Kaiser habe sie gestiftet, und das konnte nicht gutgehen. Zwischen dem protestantischen Preußen und der katholischen Kirche in Köln gab es damals viel Streit. So wurde zum Beispiel der damalige Erzbischof Paulus Melchers 1874 von der preußischen Polizei verhaftet und im Kölner Gefängnis »Klingelpütz« eingesperrt.

Das Läuten der Kaiserglocke kostete viel Geld: 28 Reitersoldaten mussten aus der Kaserne in Deutz kommen, um die tonnenschwere Glocke in Schwung zu bringen – und die mussten jedes Mal dafür bezahlt werden.

Der Erzbischof hatte sich geweigert, die neuen preußischen Gesetze anzuerkennen, die der Kirche wichtige Rechte nahmen.

1917 ist endgültig Schluss mit der ersten Petersglocke. Der Deutsche Kaiser Wilhelm II. braucht nach drei Kriegsjahren dringend Kanonen, also befiehlt er, die Kölner Glocke wieder einzuschmelzen. 1923 bekommt der Dom dann die legendäre Petersglocke, den »Dicken Pitter«, der bis heute den richtigen Ton trifft. Im Zweiten Weltkrieg sollte der »Dicke Pitter« ebenfalls eingeschmolzen werden. Doch es gelang, die Berliner »Reichsstelle Eisen und Metalle« davon zu überzeugen, dass der Ausbau der Glocke zu schwierig ist. So wurde der »Dicke Pitter« gerettet. Und auch als 2011 der Klöppel aus der Glocke ins Turmgebälk krachte, konnte ein neuer Klöppel so exakt nachgeschmiedet werden, dass der festliche tiefe Ton des »Dicken Pitter« bis heute die Stadt erfreut.

Arbeiter zersägten die Kaiserglocke im Turm der Kathedrale in 44 Einzelteile. Die Bronzeplatten wurden dann nach Berlin gebracht, wo sie 1917 eingeschmolzen und wieder zu Kanonen verarbeitet wurden.

Das große Einweihungsfest

Im Mittelalter schlossen sich die Handwerker in Vereinen, den Zünften, zusammen. So konnten sie ihre Interessen besser vertreten. Die Schreiner und Bäcker stellten im Festumzug als Vertreter ihrer Zunft ihr Handwerk vor.

Kaiser Wilhelm I. ist begeistert. Der Festumzug zur Einweihung der fertigen Kathedrale gefällt ihm so sehr, dass er auf die Frage des Kölner Oberbürgermeisters Hermann Becker, ob seine Majestät ihn ein zweites Mal sehen wolle, freudig nickt. So zieht der prächtige Umzug, der von der langen Geschichte der Stadt während des Dombaus erzählt, noch einmal an der Tribüne des preußischen Kaisers vorbei.

Die Kölner kennen sich mit Umzügen aus. Seit 1279 gibt es in der Stadt die feierliche Fronleichnamsprozession, und Rosenmontagsumzüge werden auch schon seit etlichen Jahrzehnten durchgeführt. **Der Festumzug 1880 ist einer der schönsten, den die Stadt je gesehen hat.** Angeführt wird der Zug von berittenen Trompetern.

Ihnen folgen zehn Kölner Goldschmiede, die den Schrein der Heiligen Drei Könige auf ihren Schultern tragen. Für die Gebeine der Könige ist der Dom gebaut worden. Zu den großen Motivwagen gehört ein prächtiges Schiff, das von vier Pferden gezogen wird – eine Hanse-Kogge, die für den Aufschwung der Stadt Köln im späten Mittelalter steht. Auf einem anderen Wagen thront die Figur des Dombaumeisters Johannes vor dem Chorraum der Kathedrale. In seine Zeit fällt die Fertigstellung des ersten Dombauabschnitts. Ritter auf Pferden, Soldaten mit der preußischen Fahne und zahlreiche Zunftgruppen wie Bäcker, Schneider, Schuster und Schreiner gehen zwischen den Motivwagen.

Die Kölner sind erleichtert, dass das Einweihungsfest der Kathedrale mit diesem Umzug einen gelungenen Abschluss findet. Denn die Feier stand unter keinem guten Stern. Zwischen dem preußischen Kaiser und der katholischen Kirche schwelte ein erbitterter Streit, der sich schon lange hinzog. Das kaiserliche Preußen wollte den Einfluss der Katholiken auf die Politik schwächen. In einem Gesetz, dem »Kanzelparagraphen«, wurde Geistlichen zum Beispiel verboten, politische Themen in ihren Predigten aufzunehmen. Der Kölner Erzbischof Paulus Melchers weigerte sich, die neuen Gesetze aus Berlin anzuerkennen. Deshalb sollte er – wieder einmal – ins Gefängnis »Klingelpütz« gesperrt

Auf dem Domhof wurde für den Kaiser ein prächtiger Pavillon aufgebaut. Von hier aus verfolgten Wilhelm I. und seine Frau Augusta den Festumzug und waren so begeistert, dass sie ihn gleich zweimal an sich vorbeiziehen ließen.

Viel mehr Menschen, als in den Straßen Kölns Platz hatten, wollten bei der Einweihung der Kathedrale dabei sein. Also wurden auf den Dächern Zuschauertribünen errichtet, auf denen sich die Menschen drängten, um den Festumzug zu sehen.

werden. Doch dieses Mal floh er und versteckte sich in den Niederlanden. Die meisten Kölner standen hinter ihrem Erzbischof und verurteilten die harte Linie Preußens gegen die Katholiken. Dieser Krach zwischen dem Kaiser und dem Erzbistum überschattete auch das Domfest. So läuteten zur Einweihung am Tag vor dem Festumzug nur die Glocken der evangelischen Kirche, und der Dankgottesdienst fand nicht im Dom, sondern in der nahe gelegenen evangelischen Trinitatiskirche statt.

Als Kaiser Wilhelm I. und seine Frau Augusta die Treppen zum Domportal emporschreiten, geht ihnen Domdechant Weihbischof Baudri keinen Schritt entgegen. Für den Kaiser ist das eine unerhörte Beleidigung. Aber er muss sich nicht wundern, schließlich hat er die Geistlichen des Domkapitels vor dem Fest ausgeladen und den Dankgottesdienst im Dom untersagt. Nur ein Lied, ein Tedeum – »Dich, Gott, loben wir« – ist zugelassen. Als der Chor im Dom das Lied anstimmt, singt kein Kölner mit. Der erste Tag der Feierlichkeiten, der 15. Oktober 1880, ist wahrlich kein Fest, sondern von eisiger Stimmung geprägt. Am Abend löst sich die Anspannung etwas, denn alle finden es wunderschön, wie der Dom zum ersten Mal mit elektrischem Licht beleuchtet wird.

Ein Höhepunkt des Fests: Die vergoldete Büste des verstorbenen Königs Friedrich Wilhelm IV. wird enthüllt. Der Vorgänger und Bruder Wilhelms I. hatte vor Jahrzehnten den Weiterbau des Doms ermöglicht.

Am Festabend wurde der Dom zum ersten Mal mit elektrischen Lampen beleuchtet statt mit Pechfackeln und Kerzen. Die Kölner staunten – ihr Dom sah aus, als wäre er aus hellem Marmor. In so schönem Glanz hatten sie ihn noch nie gesehen.

Am Tag darauf soll dann der prächtige Festumzug stattfinden, den die Kölner Kaufleute unter größten Anstrengungen vorbereitet haben. Natürlich wissen sie vom Streit zwischen dem preußischen Kaiser und der Kirche, aber sie wissen auch, dass Preußen den Weiterbau der Kathedrale größtenteils bezahlt hat. Trotz vieler Auseinandersetzungen in den vergangenen Jahrzehnten hatte das preußische Berlin die Unterstützung für den Dom nie infrage gestellt. Es gibt also auch einen guten Grund, dem Kaiser zu danken, und das wollen die Kölner Kaufleute mit ihrem Festumzug tun.

Was aber, wenn der Kaiser so verärgert ist, dass ihm der bunte Kostümumzug nicht gefällt? Schließlich kennt er so etwas nicht, in Berlin gibt es keine Umzüge, keinen Rosenmontagszug und keine Fronleichnamsprozession. Riesig ist die Erleichterung, als sie den Kaiser dann lächeln sehen, und so endet der Umzug in einem großen, fröhlichen Fest.

Eine Stadt im Wandel

Zu Beginn des 20. Jahrhunderts gab es viele Neuerungen in der Stadt: Die Straßen wurden gepflastert, Rohre für das Abwasser verlegt – und überall standen jetzt Gaslaternen, die für ausgeleuchtete Wege sorgten.

Erste Automobile und eine elektrische Straßenbahn, daneben die alte Kölner Pferdebahn – »die Päädsbahn« – und Droschken sowie Reiter auf der Trankgasse rund um den Dom: Früher prägten das Hufgeklapper und Wiehern der Pferde die Stadt, jetzt hört man den Motorenlärm und das Hupen der Benzindroschken. Anfang des 20. Jahrhunderts ändern sich die Zeiten rasant.

Im neuen Kölner Bahnhof fahren Dampflokomotiven ein und aus, und am Himmel schwebt ein Zeppelin. **Köln ist um 1910 eine Stadt im Umbruch, technische Neuerungen begeistern die Menschen.** Als der erste Zeppelin 1909 über Köln fliegt, stehen Zehntausende in den Straßen und auf den Dächern der Häuser, staunen und jubeln. Die Kinder haben schulfrei, der Tag wird zu einem Fest. Nachdem das erste Luftschiff in Köln gelandet ist und Kaiser Wilhelm II. den Landeplatz Butzweilerhof zum Luftschiffhafen ernannt hat, sind immer häufiger Zeppeline über dem Dom zu sehen.

Mehr und mehr Menschen reisen, wobei die meisten mit dem Zug fahren. Der Kölner Bahnhof wird einer der wichtigsten und größten in Europa. 1894 war er komplett erneuert worden und bekam eine riesige, glasbedeckte Halle – über 250 Meter lang und 60 Meter breit. Wie ein Schloss sah er aus, der neue Bahnhof mit seinen prunkvollen Empfangshallen und dem imposanten Turm, in dem sich das »Fürstenzimmer« befand mit einem Empfangsbereich für hochgestellte Persönlichkeiten. »Schlösschen der Reisenden« nannten die Kölner ihren Bahnhof.

Und die Reisenden konnten vom Bahnhof mit der neuen elektrischen Straßenbahn gleich weiterfahren. Die Pferdebahn hatte ausgedient. 1899 war sie noch das wichtigste öffentliche Verkehrsmittel in Köln: Über 760 Pferde zogen 341 Wagen durch die Stadt. Vorn an der Bremskurbel stand der Kutscher, auf der hinteren Plattform der Schaffner, es gab 16 Sitz- und 14 Stehplätze. Ganz ähnlich, nur eben ohne Pferde, sahen auch die ersten elektrischen Bahnen aus, die schnell die Straßen eroberten. Vereinzelt fuhren auch schon Benzinkutschen durch Köln.

Statt Peitschenknallen, Hufgetrappel und Pferdegewieher hörte man nun Automotoren und -hupen in den Straßen. Benzinkutschen prägten immer mehr das Stadtbild. Es gab aber damals auch schon Elektroautos, die leise und sauber waren.

Manche Technikbegeisterten fantasierten von einer Haltestelle für Zeppeline an den Domtürmen: Mit einem Aufzug ginge es nach oben. Dort gäbe es einen Wartesaal und Fahrkartenschalter. Vom Südturm würde man in Richtung Basel, vom Nordturm nach Berlin fliegen können.

Bald sollte es in den Städten keine Pferde mehr geben, die Straßen sollten gepflastert sein, Röhrensysteme für eine moderne Abwasserentsorgung unter der Erde verlegt werden und Gaslaternen für Helligkeit am Abend und in der Nacht sorgen. Köln wuchs in dieser Zeit rasant: Vor dem Ersten Weltkrieg wohnten über 600 000 Menschen in der Stadt. 30 Jahre zuvor waren es nur 140 000 gewesen. Dieses Wachstum hatte auch damit zu tun, dass die Stadt umliegende Orte eingemeindet hatte, die Bewohner dort also plötzlich Kölner waren. Außerdem lockten neue Fabriken und große Unternehmen die Menschen vom Land in die Stadt. Köln war eine moderne Großstadt und der

In Köln-Ehrenfeld wurde 1882 die Firma Helios gegründet, benannt nach dem griechischen Sonnengott. Dort stellte man Stromerzeugungsanlagen, elektrische Straßenbahnen und sogar Leuchttürme für ganz Europa her.

Dom bei den Sonntagsgottesdiensten meistens voll besetzt. Häufig fanden hier auch Hochzeiten, Taufen und Beerdigungen statt. Eine Trauerkutsche konnte über die damals noch tiefer liegende Trankgasse bis direkt vor das Hauptportal fahren.

Da die Pferde aus der Stadt verschwanden, musste man sich auch bald keine Sorgen mehr machen, dass man in Pferdeäpfel trat – und es roch nicht mehr nach Mist und Dung, stattdessen stank es jetzt häufiger nach Benzinmotoren. Für die Kathedrale hatte die Industrialisierung Folgen, die bis heute zu sehen sind: Fabrikschornsteine, Kohleheizungen und vor allem die Rauchschwaden der Lokomotiven aus dem nahen Hauptbahnhof waren die Ursache, dass der Dom schmutzig und schwarz wurde. Bei der Einweihung 1880 war zumindest die zum Schluss gebaute Vorderseite mit den Zwillingstürmen noch ganz hell gewesen.

Wenn man allerdings heute auf die Idee käme, die Kathedrale zu reinigen und die schwarze Schicht aus Industrieruß zu entfernen, wäre das Ergebnis sehr scheckig. Denn der Dom mit seinen unterschiedlichen Bauabschnitten besteht aus vielen Steinsorten in verschiedenen Farben. Aber auch mit seiner dunklen Rußschicht bringt er die Menschen immer wieder zum Staunen. Besonders dann, wenn die Türme in der Abendsonne goldrot schimmern oder nachts die Flutlichtscheinwerfer den Dom anstrahlen und er wie ein verwunschenes silbernes Gebirge leuchtet.

In einem Pferdestall im Stadtteil Ehrenfeld baute August Horch 1900 das erste Automobil seiner Firma A. Horch & Cie. Später gründete er in Zwickau ein neues Unternehmen, das er Audi nannte. Das Wort stammt aus dem Lateinischen und heißt übersetzt »horch!«.

Das hektische Köln

Hastig und laut ist es um das Jahr 1930 am Kölner Dom. Autos hupen, schrill klingelt die Straßenbahn. Offene Busse bieten »Autorundfahrten« durch die Stadt an. Der Hauptbahnhof ist der größte in Europa und der Verkehrsknotenpunkt der Stadt. Einzigartig ist, dass er direkt neben einer Kathedrale liegt. In anderen Städten ist so dicht an den großen Kirchen kein Platz für einen Bahnhof. In Köln aber kann der Reisende schon von der Hohenzollernbrücke, die 1911 die Dombrücke ersetzt hat, den mächtigen Kirchenbau sehen. Die Brücke ist inzwischen viergleisig ausgebaut worden. Nicht nur Lokomotiven, auch Straßenbahnen, Autos und Fahrradfahrer fahren hier über den Rhein. Köln ist eine Weltstadt, in den

1932 wurde die erste Autobahn in Deutschland eröffnet. Die 20 Kilometer lange Strecke führte von Köln nach Bonn und hieß damals »Kraftwagenstraße«. Sie verlief schnurgerade und ohne Kreuzungen.

Als am »schwarzen Freitag« 1929 die Börse in New York zusammenbrach, begann eine weltweite Wirtschaftskrise. Viele Firmen mussten ihre Mitarbeiter entlassen. In Köln war jeder Dritte arbeitslos. Die Kirche half den Armen und verteilte kostenloses Essen.

Straßen hört man neben Kölsch auch Englisch, Französisch, Russisch oder Jiddisch.

In den 1920er-Jahren ging es in der Stadt auf und ab. Nach dem Ende des Ersten Weltkriegs hatte Kaiser Wilhelm abgedankt und das Rheinland wurde von britischen Truppen besetzt. Schon 1917 war Konrad Adenauer, der später der »König von Köln« genannt wurde, Bürgermeister geworden. Der junge Mann war geschickt und half, die Stadt zu einer modernen Großstadt umzubauen – mit einer neuen Universität, dem Erholungsgebiet Grüngürtel, einem großen Messegelände und der deutschlandweit ersten Autobahn von Köln nach Bonn.

Autos setzten sich jetzt immer mehr durch, sie drängelten sich mit Bussen und der elektrischen Straßenbahn durch die oft verstopfte Stadt. 1930 gelang es Köln, die Zentrale der »Ford Motor Company« von Berlin ins Rheinland zu holen. Zu Beginn arbeiteten 620 Kölner an den modernen Fließbändern in der neuen Autofabrik. Sie waren damals froh, einen Arbeitsplatz zu haben, denn nachdem es in den letzten Jahren wirtschaftlich gut vorangegangen war, sorgte 1929 der Zusammenbruch der Weltwirtschaft auch in Köln für eine schwere Krise. Kurz danach war jeder Dritte in der Stadt arbeitslos, Armut und Verzweiflung waren groß. Als dann die politische Partei der Nationalsozialisten unter Adolf Hitler den Menschen das Blaue vom Himmel versprach, liefen auch viele Kölner dem »Führer« hinterher. Nachdem er an der Macht war, setzte Hitler den Kölner Bürgermeister Adenauer ab und brachte seine Leute an die Spitze. Als er 1936 nach Köln kam, feierten ihn Hunderttausende, und auch an der Fassade der Kölner Kathedrale sah man die Flagge seiner

Partei, die Hakenkreuzfahne. Dem damaligen Kardinal Schulte dürfte das nicht gefallen haben; er und besonders sein Nachfolger Kardinal Frings waren entschiedene Gegner der Nationalsozialisten. Zum Leben von Köln gehörten vor 1933 auch 20 000 Juden, darunter viele einflussreiche Bürger, Geschäftsleute und große Künstler. Nach dem Krieg waren es nur noch einige wenige. Die Nationalsozialisten, unter ihnen auch viele Bürger von Köln, hatten die Juden verhaftet, verschleppt, vertrieben und ermordet.

4711 ist ein weltbekanntes Parfüm. Das Duftwasser in der türkis-goldenen Flasche verdankt seinen Namen dem Haus in der Glockengasse mit der Nummer 4711, wo es seit 1799 verkauft wird. Das »Kölnisch Wasser« galt erst als Heilmittel, später wurde daraus das beliebte Parfüm.

Die Stadt Köln war vor dem Zweiten Weltkrieg wie ein greller, bunter Tummelplatz voller Gegensätze. Hier die Ängste vor den Auswirkungen der Wirtschaftskrise, dort kindlicher Spaß am Hänneschen-Theater oder dem fröhlichen Karneval. Dazu kamen die Touristen, die sich schon damals durch die Straßen und über die Plätze drängelten. Menschen aus aller Welt saßen im Café gegenüber dem Dom und bestaunten das Bauwerk. Heiterkeit herrschte auf dem Domvorplatz, Rosen flogen durch die Luft, eine Hochzeit wurde begossen. Man trotzte der Weltwirtschaftskrise, versuchte unbeschwert zu sein und den Tag so gut es ging zu genießen.

Wenn in Köln etwas los war, dann jubelten und feierten alle. Wie zum Beispiel im September 1932, als das größte Flugboot der Welt, die Do X, auf dem Rhein landete. Vorher drehte es noch eine Ehrenrunde um den Kölner Dom. Der fliegende Gigant mit seinen zwölf Propellermotoren war das Tagesgespräch. Die Karnevalsgesellschaft »KG Luftflotte«, die 1932 gegründet wurde, machte das Flugschiff sogar zu ihrem Maskottchen.

Auch in Köln fanden sehr viele Menschen die verhängnisvollen Ansichten Adolf Hitlers gut und jubelten dem Diktator 1936 bei seinem Besuch zu. Sogar am Dom hatte man eine Hakenkreuzfahne gehisst, als er im offenen Auto, von marschierenden Soldaten begleitet, durch die Stadt gefahren wurde.

1925 wurde im Kaufhaus Tietz in der Hohe Straße die erste Rolltreppe in Deutschland eingebaut. Am Anfang half ein Liftboy den ängstlichen Menschen beim Benutzen der fahrenden Stufen.

Das Getümmel, der Krach und die Schnelligkeit der Großstadt konnte den Menschen auch zu viel werden. Dann waren sie froh, im Innern des Kölner Doms einen Ort der Ruhe zu finden. Und während überall in Köln die Fabrikschornsteine und Hochhäuser in den Himmel wuchsen, blieb der Dom doch das alles überragende Wahrzeichen der Stadt Köln.

Köln in Trümmern

Ab 1942 legten Bomben Köln in Schutt und Asche. Über 20 000 Menschen starben bei den nächtlichen Angriffen. Manche glaubten, englische Bomberpiloten hätten die Kölner Domtürme verschont, weil die Kathedrale ein besonders heiliger Ort ist.

Keine Wohnungen, kein Wasser, kein Strom, kein Krankenhaus, keine Schulen, keine Geschäfte. Die Straßen liegen voller Trümmer, und in den ausgebrannten Häusern türmt sich der Schutt bis zur dritten Etage. Der Krieg, den die Deutschen verschuldet haben, hat eine der schönsten Städte Europas komplett zerstört. Vor dem Kölner Dom hat es am 6. März 1945 ein letztes Panzerduell zwischen US-amerikanischen und deutschen Soldaten gegeben. Der zerschossene Panzer der Deutschen steht noch lange vor der Kathedrale – ein Bild, das um die ganze Welt geht und auch zeigt, dass der Dom mitten in der Schuttwüste stehen geblieben ist. **Als der Krieg am 8. Mai 1945 offiziell zu Ende ist, läuten um Mitternacht die Glocken.** Endlich ist Frieden.

Doch in Köln ist kein Stein auf dem anderen geblieben. Die Berge von Mauerschutt waren so groß, dass es zunächst unmöglich schien, hier eine Stadt wieder aufzubauen. Und tatsächlich gab es 1945 Pläne, die alte Stadt aufzugeben und Köln auf freiem Feld im Norden neu zu errichten. Die Kölner fanden diese Vorschläge nicht gut, sie liebten ihre Stadt.

Den meisten Menschen kam es wie ein Wunder vor, dass der Dom nach den schweren Luftangriffen noch stand. Zahlreiche Bomben waren im Dach eingeschlagen, aber der Dachstuhl war nicht eingestürzt. Die eisernen Dachträger und die gotische Bauweise hatten den vollständigen Zusammenbruch verhindert.

US-amerikanische Soldaten bauten bei ihrem Vormarsch aus vielen Holzpfählen eine Behelfsbrücke über den Rhein. Bevor sie 1946 abgerissen wurde, durften auch die Kölner die »Tausendfüßlerbrücke«, wie sie genannt wurde, benutzen.

Eine Fliegerbombe riss 1943 ein großes Loch in den Stützpfeiler des Nordturms. Der Turm wurde mit Ziegelsteinen geflickt. 2004 verschwanden die Ziegelsteine hinter dem originalgetreuen Nachbau des zerbombten Mauerteils. Für viele Kölner war diese »Domplombe« ein Mahnmal für Krieg und Zerstörung.

Alle Brücken über den Rhein waren kaputt, auch die Hohenzollernbrücke und der Bahnhof. Über eine einfache Behelfsbrücke aus Holz kamen nach dem Krieg zehntausende Menschen zurück in die Stadt. Vom Rhein aus sahen sie den Dom, scheinbar heil ragte er aus den Ruinen empor. Dieses erste Bild wurde für viele Kölner ein Zeichen der Hoffnung: Das Leben geht weiter, besagte es, und es gibt noch eine Zukunft für uns.

Am 11. März 1945, noch vor Kriegsende, feierte ein US-amerikanischer Militärpfarrer in der Marienkapelle des zerstörten Doms einen Gottesdienst mit 48 Soldaten. Gemeinsam beteten sie für Frieden.

Schnell kehrte das Leben in die ausgestorbene Stadt zurück. Die Menschen kamen aus den Kellerwohnungen, wo sie vor den Bomben Schutz gesucht hatten. Amerikanische Lautsprecherwagen fuhren umher und forderten die Bürger auf, anzupacken und den Schutt wegzuräumen. Zunächst wurden schmale Gassen durch die Trümmerwüste geschaufelt. Auf provisorisch verlegten Gleisen – die Kölner nannten sie »fliegende Gleise« – fuhren kleine Dampflokomotiven mit Kipploren durch die Schneisen.

Obwohl der Dom von Weitem fast unversehrt erschien, war er schwer beschädigt. Es wäre viel zu gefährlich gewesen, hier Gottesdienste zu feiern. Kardinal Frings rief alle Kölner auf, beim Wiederaufbau der Kathedrale zu helfen. Zur Belohnung erhielten die Freiwilligen eine Mahlzeit. Auch weil es damals kaum etwas zu essen gab, meldeten sich viele Helfer, unter ihnen auch unzählige Schüler in zusammengeflickten Kleidern und zerschlissenen Schuhen. Kinder, Frauen und Männer klopften Abbruchsteine sauber, denn es gab kein neues Baumaterial, und so wurden die alten Steine dringend benötigt.

Am Heiligen Abend 1945 läutete der »Dicke Pitter« im Dom zum ersten Mal nach dem Krieg. Endlich wieder ein Weihnachtsfest ohne Angst vor Fliegerangriffen und Brandbomben. Aber besonders die Winter in den unbeheizten Notunterkünften waren hart. In seiner Silvesterpredigt am 31. Dezember 1946 erlaubte Kardinal Frings den Kölnern, sich zu nehmen, was sie zum Über-

Der erste Winter nach dem Krieg war eiskalt und entbehrungsreich. Um in den unbeheizten Wohnungen zu überleben, klauten nicht wenige Kölner Kohlen von Zügen. Kardinal Frings hatte den leidenden Menschen die Erlaubnis dazu gegeben. Man nannte es deswegen »fringsen«.

Wertvolle Wandmalereien und Altäre wurden im Dom zum Schutz vor Beschädigung durch Bomben eingemauert. Auch die Heiligenfiguren hoch oben an den Pfeilern konnten nicht ausgelagert werden und wurden mit Holzbrettern umbaut.

leben benötigen. Wenn die Menschen sich von nun an Kohlen von den durchfahrenden Zügen klauen, damit sie in ihren Notunterkünften nicht erfrieren, nennen sie das »fringsen«.

Um den Dom und im Dom wird fieberhaft gearbeitet. 1948 wollen die Kölner den 700. Jahrestag der Grundsteinlegung ihrer Kathedrale feiern. Die Steinmetze tun alles, um Türme und Mauern vor Steinschlag zu sichern. Das Kirchenschiff ist so beschädigt, dass es zunächst teilweise durch eine Mauer abgetrennt wird. Wie durch ein Wunder gelingt es, mit den Arbeiten rechtzeitig fertig zu werden. Hunderttausende Menschen sind mit dabei, als 1948 der ausgelagerte goldene Sarg der Heiligen Drei Könige wieder zurück in den Dom getragen wird. Den Gottesdienst zum Domjubiläum feiert Kardinal Frings gemeinsam mit dem Oberhaupt der anglikanischen Kirche – und so gibt dieser feierliche Tag den Kölnern nicht nur neuen Lebensmut, sondern er wird auch zu einem Versöhnungsfest zwischen Briten und Deutschen.

Der Karneval kehrt zurück

»Jedem Dierche sing Pläsierche«. Das ist das Motto des Kölner Karnevals im Jahr 1960. Übersetzt heißt es: Jedem Tierchen oder jedem Menschen sein Vergnügen, denn jeder Mensch hat ein gutes Recht, anders zu sein. Ein Motto, das gut zur Vielvölkerstadt Köln passt. Schon im römischen Köln lebten Menschen aus ganz Europa, und nach 1955 kamen jeden Tag tausende Gastarbeiter aus Italien, Griechenland, Spanien oder Portugal nach Köln. Sie fanden Arbeit bei Ford, Klöckner-Humboldt-Deutz oder in der Schokoladenfabrik Stollwerck.

Neben Tünnes und Schäl sind Hänneschen und Bärbelchen wichtige Figuren im Kölner Karneval. Das gewitzte Hänneschen ist Held der meisten Stücke im berühmten Hänneschen-Theater – hier tanzt er mit seiner Freundin, dem freundlichen Bärbelchen.

Der Bahnhof Deutz war ab 1960 der zentrale Ankunftsort für alle Gastarbeiter, die nach Deutschland kamen. 1964 erhielt der millionste Arbeiter – der Zimmermann Armando Rodrigues de Sá aus Portugal – Blumen und ein Moped als Begrüßungsgeschenk.

1964 wurde am Deutzer Bahnhof, dem zentralen deutschen Ankunftsort für Gastarbeiter, der millionste Arbeiter aus dem Süden Europas mit einem ganz besonderen Geschenk begrüßt: einem Moped. In den 1960er-Jahren kamen dann auch viele türkische Arbeiter nach Köln, sodass zehn Jahre später allein Ford 12 000 Beschäftigte aus der Türkei hatte. 1965 durften muslimische Gastarbeiter das Ende des Fastenmonats Ramadan im Kölner Dom feiern, weil sie noch keine eigene Moschee in der Stadt hatten. Zum Dank spendeten sie eine große Summe für den Wiederaufbau der Kathedrale.

In Köln wurde überall gebaut: Die Türme an der Einfahrt zur Hohenzollernbrücke wurden 1958 abgerissen, auch die alte Straßenrampe verschwand. Ein Jahr danach war die Brücke komplett renoviert. Im Hauptbahnhof wurde die notdürftig reparierte Empfangshalle aus preußischer Zeit, die wie ein kleines Schloss aussah, durch einen Neubau ersetzt. 1957 war die Eingangshalle des Bahnhofs mit der großen Fassade aus Glas und dem geschwungenen Schalendach eingeweiht worden. Seither können die ankommenden Reisenden schon im Bahnhof die kolossale Kathedrale sehen.

Köln ist mit über 800 Zügen täglich wieder ein zentraler Verkehrsknotenpunkt in Europa. Besonders eng wird es im Bahnhof, wenn zahlreiche Sonderzüge eintreffen. Wie zum Beispiel 1958, als der Katholikentag Christen aus ganz Deutschland in die Stadt lockt. Der Dom ist inzwischen wieder voll begehbar. Die notdürftige Trennwand, die man nach dem Krieg zwischen dem Altarraum und dem zerstörten Kirchenschiff eingezogen hatte, konnte 1956 entfernt werden.

Touristen kamen wieder in großer Zahl in die Stadt, um die Kathedrale zu besichtigen oder den Karneval mitzuerleben. Das Motto 1960 »Jedem Dierche sing Pläsierche« spielt auf das 100-jährige Jubiläum des Tierparks an, der 1860

Die Kölner Seilbahn war damals die einzige Seilschwebebahn Europas über einem Fluss. Sie wurde 1957 zur Bundesgartenschau über den Rhein gebaut und hat seither fast 20 Millionen Fahrgäste befördert.

gegründet wurde. Über eine Million Menschen aus nah und fern kamen zum Rosenmontagszug. Ganz zu Beginn des Zugs baumelte der Zugleiter wie ein Affe am Rüssel eines Elefanten. Aus dem Maul eines freundlichen Löwen warfen Vertreter des ältesten Karnevalsvereins in Köln, der »Roten Funken«, Kamelle. Die Arche Noah fuhr ebenso mit wie Micky Maus oder eine »Lahm Ent'« – dieser Motivwagen nahm die Straßenbahnen aufs Korn, die sich zu dieser Zeit noch langsam durch Köln quälten. Der Karnevalsprinz Peter IV. wurde liebevoll »Prinz Imi I.« genannt, weil er in Thüringen geboren und aufgewachsen war.

1958 wurde der Umzug zum ersten Mal vollständig im Fernsehen übertragen. Im Hintergrund des Rosenmontagszuges sahen die Fernsehzuschauer nun ein anderes Köln: Alt und Neu unmittelbar nebeneinander – der historische Dom zwischen dem modernen Bahnhof und dem neuen Blau-Gold-Haus von 4711, in dessen Glasfassade sich die uralten Domtürme spiegeln.

Die neue Empfangshalle des Kölner Hauptbahnhofs wurde im September 1957 eröffnet. Typisch für die damalige Bauweise ist das Schalendach. Die Fassade besteht ganz aus Glas. So sehen Reisende nach der Ankunft gleich den prachtvollen Kölner Dom.

Kamelle gab es wieder reichlich, das war nicht immer so gewesen. Vom ersten Rosenmontagszug nach dem Krieg bis zu den großen Festzügen in den Wirtschaftswunderjahren war es ein weiter Weg. Als 1949 der erste Karnevalsumzug nach dem Krieg mit nur zwölf Wagen durch die Stadt fuhr, waren die Jecken auf Zuckerscheine, das heißt Zuckerzuteilungen der Stadt, angewiesen. Die Schokoladenfirma Stollwerck bekam einige dieser Zuckerscheine, und so gab es rationierte Portionen Kamelle. In den 1950er-Jahren wurde der Festumzug dann größer und größer. Bald standen über eine Million Menschen am Straßenrand und fingen Kamelle, sangen und tanzten. Einmal fuhr sogar ein Wagen mit einer riesigen Sprühdose beim Rosenmontagszug mit, die tausend Liter »Eau de Cologne« in die Menge sprühte.

Die Bundesgartenschau im Jahr 1957 war ein Höhepunkt im Köln der Nachkriegszeit. Über vier Millionen Gäste kamen in die Stadt, um die bunten Gartenanlagen und das moderne Sternwellenzelt über dem Tanzbrunnen zu bestaunen.

Der Papst besucht Köln

Papst Johannes Paul II. besuchte 1980 zum ersten Mal Deutschland. In Köln, wo er zuerst Station machte, wurde er von Kardinal Höffner empfangen und feierte eine Messe mit 350 000 Gläubigen.

Am 15. Oktober 1880 wurde die Kreuzblume als Schlussstein auf den südlichen Domturm gesetzt. 100 Jahre später stellte man zur Erinnerung an den Jahrestag der Vollendung eine Nachbildung der Kreuzblume vor die Kathedrale.

Es ist der erste Besuch von Johannes Paul II. in Deutschland: **Am 15. November 1980 trifft er am Dom ein** und wird von unzähligen Menschen empfangen. 120 Sonderzüge und 5000 Busse fahren nach Köln, weil so viele Gläubige den neuen, sehr beliebten Papst erleben möchten. Bevor er in die Kathedrale geht, betet der Heilige Vater am Grab von Albertus Magnus in der Kirche Sankt Andreas, die nur wenige Schritte entfernt liegt. 1980 jährt sich der Todestag des mittelalterlichen Gelehrten Albertus Magnus zum 700. Mal, auch deshalb ist Johannes Paul II. nach Köln gekommen.

Der Papst wird auf der Trankgasse empfangen, weil er von dort schneller in die Andreaskirche gehen kann. Als er danach zum Dom pilgert, wird die Straße für ihn kurzzeitig gesperrt. Die Trankgasse ist auf dem Weg zum Rheinufer eine der wichtigsten Verkehrsadern der Stadt geworden und liegt jetzt eine Etage unter dem Dom und der neu gestalteten Domplatte.

Als 1964 die Bauarbeiten für eine unterirdische Stadtbahn am Dom begannen, überlegte man, auch das Umfeld der Kathedrale neu zu gestalten. Die Straßenbahn wurde unter die Erde verbannt. Wenn jetzt noch Autos und Busse umgeleitet würden, wäre der Platz rund um den Dom frei für Fußgänger, so die Pläne der Architekten. Die verkehrsfreie Fläche, die entstand, ist eine der größten in einer deutschen Innenstadt und mündet direkt in die Fußgängerzone Hohe Straße. Unter der Plattform befindet sich eine Tiefgarage für 600 Autos. Über die viel befahrene Trankgasse führen Fußgängertreppen zum Bahnhof, der tiefer als der Dom liegt. Außerdem gab es zwei Rolltreppen, die aber Wind und Wetter nicht standhielten und wieder entfernt wurden.

1970 wurde die neue Domplatte eingeweiht. Die Kathedrale ist nun bis vor das Portaltor ebenerdig von Granitpflaster umgeben. Die Stufen, die einst zur Kirche hinaufführten, sind verschwunden. Nicht alle sind begeistert, dass der historische Domhügel nicht mehr zu sehen ist. Der Kathedrale seien die Füße geraubt worden, hieß es, und der massive graue Betongürtel sei ein Schandfleck. Kritisiert wurde auch, dass große Teile der noch erhaltenen römischen Stadtmauer von der neuen Tiefgarage überbaut wurden und jetzt versteckt im dunklen Parkhaus vor sich hindämmern.

Lange Zeit gab es am Dom eine hölzerne Losbude, neben der der Hauptgewinn der Dombau-Lotterie stand – ein Ford aus Köln. Die Lotterie für den Dom gibt es schon seit 1865. Sie hat viel Geld zum Erhalt der Kathedrale eingespielt.

Viele Jahre fand auf dem Roncalliplatz neben dem Dom eine Karnevalskirmes statt – mit Buden, Karussells und einem Riesenrad. 2004 wurde der Jahrmarkt verboten. Der Lärm und kriminelle Zwischenfälle passten nicht zur Würde der Kathedrale.

Straßenmusikanten, Akrobaten und Pflastermaler freuen sich hingegen über die weite Fläche. Für sie ist die Domplatte eine große Freilichtbühne. In der Adventszeit findet hier Kölns größter Weihnachtsmarkt statt, und auch Open-Air-Konzerte direkt im Schatten der Kathedrale sind nun möglich.

Beliebter Treffpunkt für Einheimische und Touristen ist die Kreuzblume, eine zehn Meter hohe Kopie der Domturmspitzen, die vor der Westfassade auf der Domplatte steht. 1980 wurde sie zunächst als Kunststoffmodell gebaut und sollte vorübergehend an die Fertigstellung der Kölner Kathedrale vor damals genau 100 Jahren erinnern. Das Modell wurde dann zu einer Dauereinrichtung, und als 1990 ein Orkan die Kreuzblume zerstörte, ließ das Verkehrsamt der Stadt Köln eine stabilere Kopie aus grauem Beton anfertigen und aufstellen. So steht die Kreuzblume heute noch am Dom.

Verschwunden ist dagegen die hölzerne Losbude der Dombau-Lotterie vor der Kathedrale. Viele Jahre hatte der Zentral-Dombau-Verein hier eine Verkaufsstelle für Lose. Seit 2007 findet der Losverkauf in den umliegenden Geschäften statt. Und auch die ehemals bekannteste Imbissbude in Köln gibt es nicht mehr. 22 Jahre lang stand die »Rievkoochebud« auf dem Platz vor dem Bahnhof. Jeden Tag gingen hier mehr als 2200 frische Reibekuchen über die Theke.

Vom Bahnhofsvorplatz schlendert man über die Freitreppe auf die Domplatte, den meistbesuchten Fußgängerplatz Deutschlands, und dann – ungestört von Autohupen und Straßenbahngebimmel – weiter zu den Heiligen Drei Königen in den Dom. Oder zum Römisch-Germanischen Museum, das 1974 in unmittelbarer Nähe der Kathedrale, am Roncalliplatz, eröffnet wurde. Hier erinnern Ausstellungsstücke an die Anfänge der Stadt, die aus dem römischen »Colonia Agrippina« hervorgegangen ist.

Bei seinem Besuch 1980 in Köln erinnert auch Papst Johannes Paul II. an diese Anfänge. In vielen Jahrhunderten habe sich aus der alten Römerstadt das »heilige Köln« entwickelt, sagt er. Der herrliche Dom sei ein Zeichen: Machtvoll künde er vom Reich Gottes mitten unter den Menschen.

Im Römisch-Germanischen Museum neben dem Dom steht das Grabmal des Poblicius. Das wuchtige Grabhaus eines römischen Soldaten ist fast 2000 Jahre alt und erinnert an die Anfänge und die große Bedeutung der Stadt Köln.

Der Dom – beständiges Wahrzeichen

Im Spätsommer umkreisen oft Möwen die Domtürme und jagen Nachtfalter, die vom Licht der Scheinwerfer angelockt werden. Die Möwen haben gemerkt, dass es hier reiche Beute gibt, und fressen sich für den Winter Fettreserven an.

Papageien am Kölner Dom: grüne Farbtupfer am blauen Himmel. Halsbandsittiche gibt es seit Ende der 1960er-Jahre in Köln. Wahrscheinlich sind einige aus dem Zoo entflogen und haben sich dann vermehrt. Das milde Klima am Rhein gefällt den Tieren, die einst in Asien zu Hause waren. Vor über 2000 Jahren soll der Feldherr Alexander der Große die Papageien nach Südeuropa gebracht haben, deshalb werden sie auch Alexandersittiche genannt. Und jetzt hört man ihre kreischenden Rufe in Köln. Nachts, wenn sich die Papageien auf ihren Schlafbäumen ausruhen, kreisen im Spätsommer Scharen weißer Lachmöwen um die Domtürme. Im Licht der Scheinwerfer, die den Dom anstrahlen, sieht man ein märchenhaftes Bild: Möwen umschwärmen die Türme und scheinen ihnen einen strahlend weißen Kranz aufzusetzen.

Bestaunen kann man das Spektakel von der neuen, breiten Freitreppe aus, die statt der alten, verwinkelten Betonkonstruktion über die breite Trankgasse zum Dom führt. Mit den schmalen, grauen Treppen, dem öden Bahnhofsvorplatz und den grau-schmutzigen Betonstufen, die früher zum Dom führten, waren die Kölner nicht mehr zufrieden gewesen.

2003 beschloss die Stadt, den Platz vor dem Bahnhof und den Aufgang zum Dom neu zu gestalten. Eine großzügige, 70 Meter breite und 5 Meter hohe Freitreppe sollte die Kathedrale mit dem Bahnhof verbinden. Alles musste schnell gehen, denn der Umbau sollte zum Weltjugendtag 2005 abgeschlossen sein. Die Stufen wurden aus weißen Granitsteinen gebaut – eine riesige, 900 Quadratmeter große Treppenfläche entstand. Auch der Bahnhofsvorplatz ist jetzt einladender und heller. Sieben hohe Lichtsäulen schmücken die freie Fläche.

Pünktlich zum Weltjugendtag im August 2005 wurde der Umbau fertig und die neue Treppe zu einem der wichtigsten Treffpunkte für junge Christen aus aller Welt. Jeden Tag saßen zehntausende Jugendliche auf den schlichten, hellen Stufen. Sie sangen und klatschten im Schatten

Maria mit dem Jesuskind, der Dom vor dem Dom oder ein zotteliger Löwe: Im Sommer erschaffen fast jeden Tag Pflastermaler vor dem Kölner Dom mit Kreide kurzlebige, bunte Gemälde auf dem hellgrauen Granit der Domplatte.

Gerüstbauer arbeiten in schwindelerregender Höhe. Sie befestigen Stahlträger weit oben im Inneren des Turms. Mit leichten Aluminiumbauteilen wird das Hängegerüst nach unten erweitert – so muss es nicht im Mauerwerk verankert werden.

Der weltberühmte Künstler Gerhard Richter entwarf für den Kölner Dom ein Fenster aus tausenden bunten Quadraten – eine der Hauptattraktionen im Kölner Dom. Es zeigt, dass die gotische Kathedrale Neues und Bewährtes vereinen kann.

der Kathedrale oder schauten Musikern und Tänzern aus allen Kontinenten zu. Die 31 Treppenstufen wurden zum Zuschauerraum eines großen Freilichttheaters, Eintritt und Platzwahl waren frei.

Ein Jahr später, bei der Fußballweltmeisterschaft in Deutschland, kamen wieder ungezählte Menschen aus aller Welt nach Köln und feierten im Sommer 2006 rund um den Dom ein großes, internationales Fest.

Auch wenn gerade kein Großereignis stattfindet, besuchen jeden Tag durchschnittlich 20 000 Touristen den Kölner Dom. Auf der Freitreppe und der Domplatte finden die vielen Menschen genügend Platz – ganz ohne Gedränge und Geschiebe. Der Dom ist der ruhende Pol in der lauten und hektischen Stadt. Nach dem Besuch der Kathedrale setzt man sich zum Beispiel mit einem Eis in der Hand auf die Freitreppe, schaut einem Clown zu, der Luftballons verkauft, und fühlt sich fast wie in einer Stadt im sonnigen Süden.

Vor dem Ersten Weltkrieg war die Kölner Kathedrale für die Deutschen ein Bauwerk, das Größe, Macht und Stolz ihres Landes zeigte: Wir sind besser und größer als die anderen, unser mächtiger Dom ist der Beweis dafür. Das ist vorbei – **heute ist die Kölner Kathedrale Weltkulturerbe, das zum Frieden und zur Versöhnung aller Menschen mahnt**. Als eine ausländerfeindliche Organisation im Januar 2015 einen Demonstrationszug in Richtung Dom veranstalten wollte, schaltete der Kölner Dompropst alle Scheinwerfer rund um die Kathedrale aus als Zeichen gegen Ausgrenzung und Ausländerfeindlichkeit.

»Wenn der Dom fertig ist, geht die Welt unter«, so lautet ein Sprichwort in Köln. Aber der Dom wird nie fertig. Ständig reparieren die Mitarbeiter der Dombauhütte das uralte Gemäuer. Der saure Regen, Autoabgase und Taubendreck greifen die Steine an, immer muss ausgebessert und geflickt werden. Im und am Dom wird aber nicht nur das Alte und Ursprüngliche wiederhergestellt, es kommt auch Neues hinzu. Ein besonders leuchtendes Beispiel dafür ist das Fenster des Künstlers Gerhard Richter, das 2007 im Südquerhaus der Kathedrale eingeweiht wurde. Es besteht aus über 11 000 kleinen Quadraten in 72 verschiedenen Farben und ist eine große Besucherattraktion. Wenn der Himmel draußen blau ist, strahlt das Sonnenlicht durch die vielen farbigen Scheiben in den Dom – ein göttlich schönes Licht, das heiter schillert und leuchtend bunte Strahlen in den Dom wirft.

Damals wie heute prägt der Kölner Dom das Stadtbild. Schon von Weitem sieht man seine Türme in den Himmel ragen. Über die Hohenzollernbrücke nähert man sich der Kathedrale, staunt über dieses wundervolle Bauwerk und versteht, warum der Dom 1996 zum Weltkulturerbe ernannt wurde.

Glossar

Abdanken: Freiwillig auf ein hohes Staatsamt oder auf den Thron verzichten
Adjutant: Helfer, Assistent

Bänkelsänger: Auf Jahrmärkten wurden Lieder mit spannenden Geschichten von Sängern vorgetragen, die sich auf eine Holzbank stellten, um besser gesehen und gehört zu werden.
Basalt: Weitverbreitete, sehr harte Gesteinsart, die oft für Wege- und Straßenpflasterung gebraucht wurde
Befestigen: Schützen und sichern. Eine Stadt wird befestigt, indem man eine Schutzmauer baut.
Blütezeit: Wenn in einer Stadt viel gebaut wird, wenn sie wächst, wichtig ist und viele Menschen dort ein gutes Leben haben, spricht man von der »Blütezeit« oder, wenn es besonders gute Zeiten sind, von der »goldenen Blüte« einer Stadt.
Büste: Aus Holz, Gips, Stein oder einem anderen Material gefertigter Kopf mit Hals und einem Stück Oberkörper

Denar: Geldwährung der Römer, etwa vier Sesterzen
Diktator: Herrscher, der die Macht im Staat an sich gerissen hat. Er duldet keinen Widerspruch, schränkt die Rechte und Freiheit der Menschen ein und entscheidet allein über alles.
Domdechant = Domdekan: Inhaber eines geistlichen (kirchlichen) Amts in der Bischofskirche
Domkapitel: Gesamtheit aller Geistlichen, die sich um sämtliche Fragen rund um die Verwaltung und die Gottesdienste einer Domkirche kümmern. Sie werden Domherren genannt.
Domkirche oder einfach Dom: Kirche, die besonders groß, schön oder wichtig ist

Eisenanker: Verbindungseisen, das Bauteile – etwa die Wandmauer und einen Deckenbalken – miteinander verbindet
Erzstift: Kirchenbesitz und Ländereien eines Erzbischofs (siehe Kirchenfürst)

Gallisch, Gallien: Bei den Römern die Gegenden, die hauptsächlich vom Volksstamm der Kelten besiedelt waren, also heute etwa im Bereich Frankreichs und Belgiens sowie in Teilen Deutschlands und der Schweiz

Gastarbeiter: Vor allem in den 1950er- und 1960er-Jahren wurden Menschen aus anderen Ländern angeworben, weil in Deutschland Arbeitskräfte fehlten. Sie sollten eine Zeit lang bleiben und dann wieder in ihre Heimat zurückkehren. Viele dieser »Gastarbeiter« sind aber in Deutschland geblieben.

Gladiatorenkämpfe (von lat. *gladius*, Kurzschwert)**:** Kämpfe im alten Rom, bei denen bewaffnete Berufskämpfer zur Unterhaltung des Publikums gegeneinander antraten

Glashütte: Produktionsstätte für Glas und für Gegenstände aus Glas

Glockenstuhl: Tragegebälk, an dem die Glocke aufgehängt ist

Gotik, gotisch: Architektur- und Kunstform in einer Zeit vom 12. Jahrhundert bis etwa 1500

Grundsteinlegung: Baubeginn

Hansebund: Vereinigung von Kaufleuten, die sich gegenseitig unterstützten

Historisch: alt, aus einer früheren Zeit, aber auch: bedeutungsvoll, wichtig für die Geschichte

Hohenzollern: Name einer Adelsfamilie, aus der mehrere Könige und Kaiser stammten

Imi: In Köln Zugezogener

Karolinger: Name eines Herrschergeschlechts, das von 751 bis 987 regierte

Karolingisch: Kunst- und Baustil aus der Zeit der Karolinger

Kathedrale: Bischofssitz

Kipplore: Schienentransportwagen mit einer Mulde, die seitlich ausgekippt werden kann

Kirchenfürst: Bischöfe und Erzbischöfe, also Oberbischöfe, hatten lange Zeit nicht nur hohe Ämter in der Kirche inne, sondern waren auch Herrscher über Land und Leute.

Kogge: Segelschiff des Handelsbunds »Hanse«

Kolonie: Damals die Bezeichnung für eine Siedlung oder eine »Tochterstadt«, die zur »Mutterstadt« (Metropole) Rom gehörte

Kürassier: Reitersoldat mit ledernem Brustpanzer

Majestät (von lat. *maiestas*, Hoheit)**:** Anrede für Könige oder Kaiser

Maskottchen: Glücksbringer

Moschee: Gotteshaus der Muslime

Motivwagen: Bei einem Festumzug wird ein Gegenstand oder eine Begebenheit groß dargestellt und auf einem Motivwagen für alle sichtbar durch die Straßen gefahren.

Palla: Manteltuch der römischen Frauen, das über der Tunika getragen wurde

Premiere (von franz. *première*, erste)**:** erste Aufführung oder andere Neuigkeit

Provinz: Ein Bereich unter römischer Herrschaft, der außerhalb Italiens lag

Provisorisch: Vorübergehend, notdürftig

Rebell: Aufständischer; jemand, der sich gegen etwas auflehnt

Reformation: Kirchliche Erneuerungsbewegung mit der Aufspaltung des Christentums in Glaubensrichtungen (katholisch, evangelisch)

Reliquie: Körperteil oder Gegenstand aus dem Besitz eines Heiligen, der von den Gläubigen verehrt wird

Schrein: Reich verzierte Truhe, in der die Gebeine (Knochen) oder andere Reliquien eines Heiligen aufbewahrt werden

Sesterz: Geldwährung während der Römerzeit

Spektakel: Schauspiel, aufsehenerregendes Ereignis

Statthalter: Vertreter des Kaisers, der eine Region oder eine Stadt verwaltet

Stifter: Jemand, der Geld gibt, um etwas zu bauen oder zu kaufen. Man kann auch Material, Ideen oder die eigene Mithilfe stiften.

Symbol: Erkennungszeichen, Sinnbild

Tempel: Bauwerk, das einer Religion oder einem Gott geweiht ist

Toga: Überkleid der Römer, das aus einer circa 6 Meter langen und 2,5 Meter breiten Stoffbahn bestand

Treideln: Beim Treideln ziehen Menschen oder Zugtiere Schiffe an langen Seilen gegen die Strömung einen Fluss hinauf.

Tunika: Unterkleid der Römer, das aus zwei Stoffstücken bestand, die an den Schultern zusammengenäht waren

Windeisen: Eingemauerte Eisenstäbe, die die großen Kirchenfenster halten und gegen Winddruck stützen

Wirtschaftswunderjahre: In den späten 1950er- und den 1960er-Jahren entwickelte sich die Wirtschaft in Deutschland überraschend schnell. Man redet deshalb von einem »Wirtschaftswunder«.

Zunft: Handwerkervereinigung. Jedes Handwerk, also Maler, Schmied, Zimmerer, Metzger und so weiter, hatte seine eigene Zunft.

Nachwort

Eine spannende Zeitreise auf den Spuren des Kölner Doms, wie sie so noch nicht erzählt worden ist. Christoph Baums Zeichnungen entführen den Betrachter in die bewegte Vergangenheit rund um die weltberühmte Kathedrale. Historisch exakt, machen seine Bilder Geschichte lebendig, während ihre Fülle an Details kleine wie große Betrachter dazu animiert, sich in all die kuriosen Szenarien zu vertiefen. Das Schau- ist zugleich ein Lesevergnügen: Barbara Schock-Werner und Johannes Schröer werfen Schlaglichter auf viele historische Schlüsselszenen – von den Anfängen der Stadt bis in die jüngste Gegenwart. Dabei führen ihre Texte das weiter aus, was die Bilder zeigen, sie ergänzen und erklären sich gegenseitig.

Der Zentral-Dombau-Verein von 1842 bringt mit diesem unterhaltsamen Buch den Dom in unsere eigenen vier Wände und unsere Familien. Schnell findet man beim Betrachten und Lesen ins Gespräch. So kommt Neugier auf, die Kathedrale eigenständig zu entdecken: Erwachsene, Jugendliche und Kinder werden durch die Bilder und Geschichten verführt, in den Dom zu pilgern und ihn mit neuen Augen zu sehen – dieses einzigartige Gotteshaus, das es ohne unseren Zentral-Dombau-Verein nicht gäbe und das auch in Zukunft viele Freunde aus allen Generationen braucht.

Michael H. G. Hoffmann, Präsident des Zentral-Dombau-Vereins zu Köln von 1842

Christoph Baum (geb. 1951) ist gelernter Schriftsetzer und studierter Maler. Als Art Director verantwortete er unter anderem das Aussehen von Zeichentrickfilmen wie *Käpt'n Blaubär* und *Pippi Langstrumpf*.

Prof. Dr. Barbara Schock-Werner (geb. 1947) studierte nach ihrer Ausbildung als Bauzeichnerin Architektur, Geschichte und Kunstgeschichte. Das Amt der Dombaumeisterin hatte sie von 1999 bis 2012 inne.

Johannes Schröer (geb. 1963) hat Theologie und Germanistik studiert. Nach Stationen bei Radio Essen und beim WDR ist er seit 2002 stellvertretender Chefredakteur beim domradio.

Wir danken dem Direktor des Römisch-Germanischen Museums in Köln, Dr. Marcus Trier, herzlich für seine fachliche Beratung.

Herausgegeben vom Zentral-Dombau-Verein zu Köln von 1842

© Greven Verlag Köln, 2016
Lektorat: Martin Stiefenhofer, Freiburg im Breisgau
Gestaltung und Satz: QWER, Michael Gais, Köln
Gesetzt aus der Thesis
Lithografie: farbo prepress, Köln
Papier: Symbol Tatami White
Druck und Bindung: O.G.M. SpA, Padua
Alle Rechte vorbehalten
ISBN 978-3-7743-0673-8

Detaillierte Informationen über alle unsere Bücher finden Sie unter: **www.Greven-Verlag.de**

Gefördert von der Stiftung Kulturwerk der VG BILD-KUNST, Bonn

BILD-KUNST

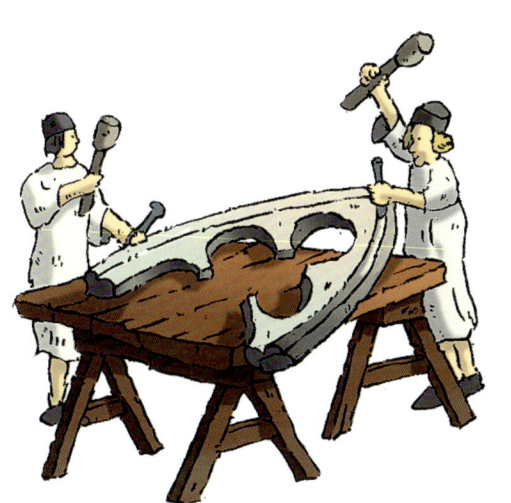

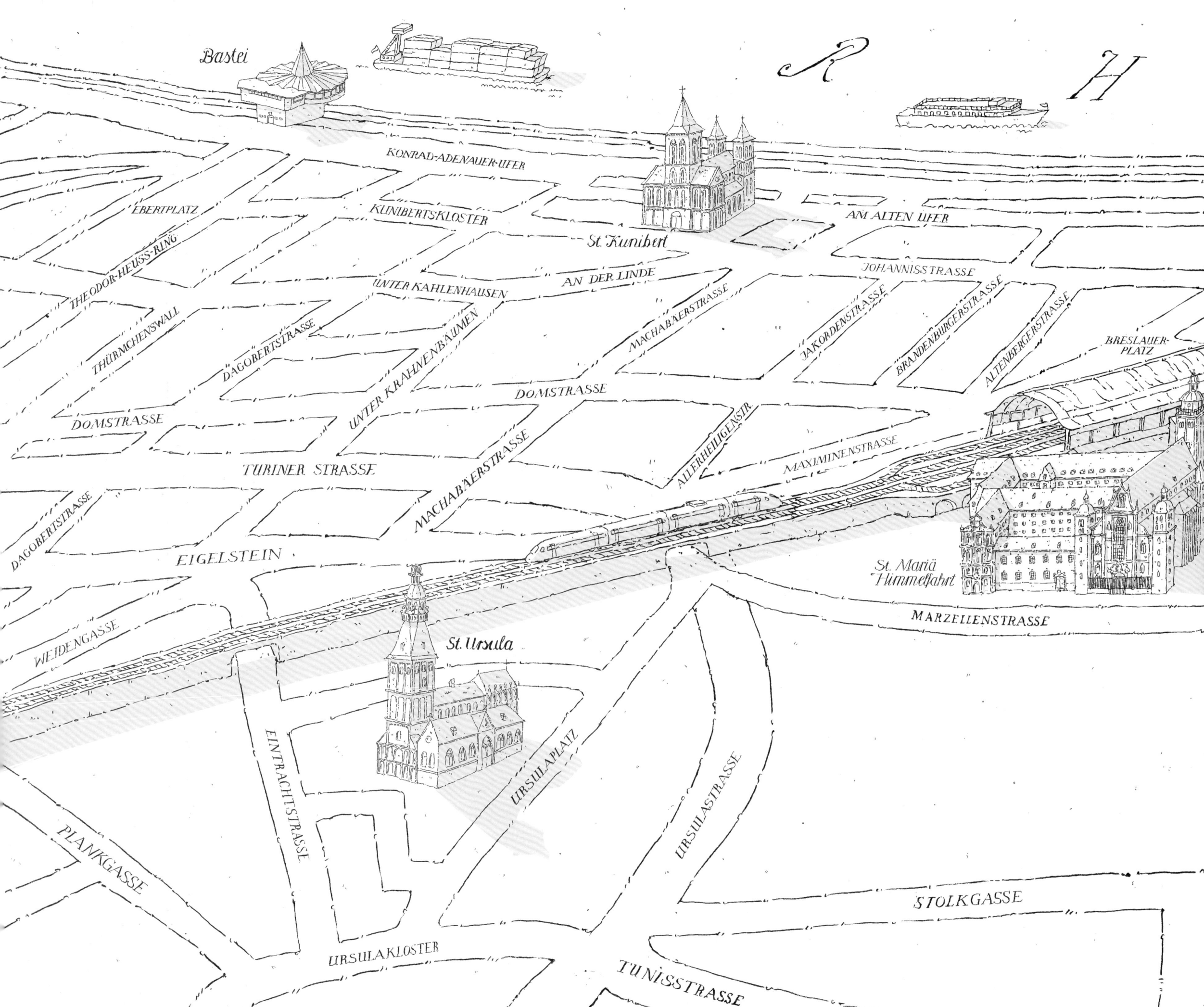